D1729663

Farina Fontaine

Urlaub 2.0

Die Nutzung sozialer Netzwerke bei
Urlaubsreisen am Beispiel von Facebook

Diplomica Verlag GmbH

Fontaine, Farina: Urlaub 2.0: Die Nutzung sozialer Netzwerke bei Urlaubsreisen am Beispiel von Facebook, Hamburg, Diplomica Verlag GmbH 2013

Buch-ISBN: 978-3-8428-8727-5
PDF-eBook-ISBN: 978-3-8428-3727-0
Druck/Herstellung: Diplomica® Verlag GmbH, Hamburg, 2013

Bibliografische Information der Deutschen Nationalbibliothek:
Die Deutsche Nationalbibliothek verzeichnet diese Publikation in der Deutschen
Nationalbibliografie; detaillierte bibliografische Daten sind im Internet über
http://dnb.d-nb.de abrufbar.

© Diplomica Verlag GmbH
Hermannstal 119k, 22119 Hamburg
http://www.diplomica-verlag.de, Hamburg 2013
Printed in Germany

Inhaltsverzeichnis

Einleitender Teil

1. Einleitung

1.1 Ausgangssituation

„Unser Vater im Himmel, habe ein Auge auf uns, die wir Dir in demütigem Gehorsam als Touristen dienen und dazu verdammt sind, diese Erde zu durchstreifen, Photos zu knipsen, Postkarten zu versenden [und] Andenken zu kaufen [...]. Und wenn unsere Reise vorüber ist und wir heimkehren zu unseren Lieben, so gewähre uns die Gnade, dass wir jemanden finden, der sich unsere Filme anschaut, und unsere Geschichten anhört, damit unser Touristenleben nicht vergeblich war [...]."[1]

Was dieses Touristengebet satirisch aufgreift, beschäftigt tatsächlich schon während eines Urlaubs viele Touristen: Es ist der Gedanke um den „Gebrauchswert [der Reise] für die Zeit nach der Rückkehr."[2] Ein kommunikativer Austausch nach einer Reise ist ein unentbehrlicher Bestandteil und eng mit ihr verknüpft: „Die Reise ist erst dann wirklich abgeschlossen, wenn der einzelne die Reise im Alltag für sich und vor anderen installiert, vorgezeigt und erzählt hat."[3]

Mit dem 21. Jahrhundert haben sich die Techniken zur Reiseberichterstattung vervielfältigt. Neben Postkarten, Fotos, Diaabenden und Fotoalben ist mit dem sozialen Netzwerk *Facebook*[4] eine weitere Möglichkeit hinzugekommen, Erlebtes zu inszenieren. Mit ein paar getippten Zeilen, einem Foto und einem Klick können zahlreiche Menschen lesen und sehen, wie jemand gerade seine Zeit verbringt. Private Urlaubserlebnisse werden so zu einem Teil der virtuellen Identität. Stetig steigende Nutzerzahlen der Plattform Facebook zeigen, dass es für immer mehr Menschen reizvoll ist, private Ereignisse im Netz zu teilen, denn selten war Öffentlichkeit so leicht zu erreichen.[5] Auch durch die sich rasant entwickelnde Smartphone-Technik[6] ist es kein Aufwand mehr, Bilder online

---

[1] Buchwald, Arthur: Das Touristengebet. In: SZ-Magazin 2/1994, S. 4. Zitiert nach: Fendl, Elisabeth; Löffler, Klara: Die Reise im Zeitalter ihrer technischen Reproduzierbarkeit: zum Beispiel Diaabend. In: Cantauw, Christiane (Hg.): Arbeit Freizeit Reisen. Die feinen Unterschiede im Alltag. Münster 1995, S. 55-68, hier: S. 55.
[2] Bausinger, Hermann: Grenzenlos... Ein Blick auf den modernen Tourismus. In: Ders.; Beyrer, Klaus; Korff, Gottfried (Hg.): Reisekultur. Von der Pilgerfahrt zum modernen Tourismus. München 1991, S. 343-354, hier: S. 350.
[3] Fendl, Elisabeth; Löffler, Klara: Die Reise im Zeitalter ihrer technischen Reproduzierbarkeit: zum Beispiel Diaabend. In: Cantauw, Christiane (Hg.): Arbeit Freizeit Reisen. Die feinen Unterschiede im Alltag. Münster 1995, S. 55-68, hier: S. 55.
[4] Auf die Besonderheiten des sozialen Online-Netzwerks Facebook wird in Kapitel 4.3 näher eingegangen.
[5] Im Oktober 2012 knackte Facebook die Rekord-Marke und hat seitdem über eine Milliarde Nutzer weltweit – Tendenz steigend. http://www.faz.net/aktuell/wirtschaft/soziales-netzwerk-facebook-hat-eine-milliarde-nutzer-11913558.html Stand: 17.10.2012.
[6] Ein Smartphone ist ein Mobiltelefon, das sich von einem klassischen Mobiltelefon durch einen größeren Bildschirm (meist Touchscreen) und zusätzliche Funktionen wie GPS und die Möglichkeit, Applikationen daraufzuladen, unterscheidet. Siehe: http://www.duden.de/rechtschreibung/Smartphone. Stand: 24.01.2013.

zu präsentieren, da ein Gerät alle dafür nötigen Techniken in sich vereint: Eine Kamera, einen schnellen Internetzugang und im besten Fall noch eine Facebook-*App*[7]. Gab es im Januar 2009 nur 6,31 Millionen Smartphone-Nutzer in Deutschland, so stieg die Zahl bis ins Jahr 2012 auf 27,3 Millionen Nutzer an.[8] Es ist zu erwarten, dass diese Zahl in Anbetracht ihres rasanten Wachstums noch weiter steigt.

Dank Smartphones und diverser Anwendungen wie zum Beispiel E-Mail-Programmen, Facebook oder *WhatsApp*[9], das ein kostenloses Übertragen von Nachrichten und Bilddateien an Freunde via Internet ermöglicht, ist das Versenden von Urlaubsgrüßen sehr einfach geworden. Dies hat zur Folge, dass die Zahl der verschickten Urlaubspostkarten gesunken ist. Kamen im Jahr 1997 noch 144 Millionen Urlaubspostkarten in Deutschland an, so waren es nach Angaben der Deutschen Post im Jahr 2010 nur noch 63 Millionen Karten, also weniger als die Hälfte: „Jeder dritte Deutsche schickt lieber eine E-Mail oder eine SMS aus dem Urlaub. Bei denen unter 30 Jahren sind es sogar knapp 60 Prozent."[10]

Als einer der thematischen Ausgangspunkte für dieses Buch dient unter anderem ein Beispiel aus dem Privatleben. Die Geschichte einer Bekannten, die ihre Urlaubspostkarte fotografierte und dieses Bild dann bei Facebook hochgeladen und so mit ihren Freunden geteilt hat, da es ihr zu aufwändig war Briefmarken zu kaufen und einen Briefkasten zu finden, ist bezeichnend für sich verändernde Gepflogenheiten der Urlaubsberichterstattung. Ein weiterer Ausgangspunkt ist der öffentliche Diskurs, in dem das Thema Facebook regelmäßig steht. Das soziale Netzwerk ist zu einem Teil der Alltagskultur avanciert, wie die stetig steigenden Nutzerzahlen belegen. Auch Beobachtungen in meinem persönlichen Netzwerk verdeutlichen den Trend zu Statusmeldungen und dem Präsentieren von Urlaubsbildern via Facebook.

1,75 Milliarden Fotos werden jede Woche auf die Plattform hochgeladen, so die Statistik.[11] Genaue Angaben, wie viele Bilder davon Urlaubsfotos sind gibt es nicht. Allein

---

[7] Apps sind Applikationen beziehungsweise bestimmte Anwenderprogramme, die auf bestimmte Mobiltelefone, insbesondere Smartphones, geladen werden können. http://www.duden.de/rechtschreibung/App Stand: 24.01.2013.

[8] http://de.statista.com/statistik/daten/studie/198959/umfrage/anzahl-der-smartphonenutzer-in-deutschland-seit-2010/ Stand: 20.11.2012.

[9] Der WhatsApp Messenger ist eine plattformübergreifende mobile Nachrichten-Applikation, die es erlaubt über eine Internetverbindung Nachrichten auszutauschen. Zusätzlich zu Textnachrichten können auch Bilder, Video- und Audiodateien verschickt werden. Siehe auch: http://www.whatsapp.com/?l=de Stand: 25.03.2013.

[10] http://www.welt.de/reise/deutschland/article10235496/Wie-lange-Postkarten-nach-Deutschland-brauchen.html Stand: 19.12.2012.

[11] http://allfacebook.de/zahlen_fakten/infografik-facebook-2012-nutzerzahlen-fakten/ Stand: 01.11.2012.

diese immense Zahl verdeutlicht jedoch, welche Bedeutung Facebook für den Alltag vieler Menschen hat. Doch was bewegt Menschen dazu, ihre privaten Urlaubsbilder auf einer Plattform, die immer wieder im Visier von Datenschützern steht, mit hunderten und mehr Usern zu teilen? Die Möglichkeiten der Präsentation sind vielfältig. Können Postkarten und Fotos als Instrumente bezeichnet werden, mit denen von Reisen gegrüßt und anhand derer von Reisen berichtet wird, so sind klassische Fotoalben, Diaabende und eben Facebook die Plattformen, auf denen inszeniert werden kann. Doch welche Möglichkeiten werden überhaupt noch genutzt? Und welchen Nutzen bringt die Öffentlichkeit, die durch das Teilen privater Inhalte via Facebook entsteht? Welche Aspekte der Urlaubsberichterstattung haben sich verändert? Verschicken Facebook-User noch Postkarten? Welche Wege wählen sie, um von ihren Reisen zu berichten? Diesen und weiteren Fragen soll im Verlauf der Studie nachgegangen werden.

1.2 Aufbau und Zielsetzung der Untersuchung

Ziel der Untersuchung ist es aufzuzeigen, ob und wie die Berichterstattung über Urlaube via Facebook einer klassischen Urlaubsberichterstattung zum Beispiel per Postkarte oder anhand von Fotos und Fotoalben, die nach dem Urlaub gezeigt werden, vorgezogen wird. Aus dieser Zielsetzung leitet sich folgende Fragestellung für die vorliegende Studie ab:

> **Welche Möglichkeiten bietet das soziale Netzwerk Facebook zur Berichterstattung über Urlaubsreisen und wie nutzen User diese im Vergleich zu anderen Instrumenten?**

Zu diesem Zweck soll die Plattform Facebook untersucht und ihre Möglichkeiten zur Berichterstattung aufgezeigt werden. Theoretische Ansätze zu den Themen Postkarten, Fotografie und Fotoalben bilden die Grundlage für qualitative Interviews mit vier Personen, deren Verhalten zum Thema Urlaubsberichterstattung Aufschluss über die tatsächliche Handhabung sozialer Netzwerke und die Nutzung klassischer Instrumente wie Postkarten oder Fotoalben geben soll. Diese Interviews bilden die Grundlage der Studie. Um zu überprüfen, welche Möglichkeiten zur Urlaubsberichtserstattung genutzt werden, werden die Gesprächspartner speziell zu ihrem Verhalten im und nach dem Urlaub befragt. Weiterhin sollen Intentionen beim Veröffentlichen von Fotos auf der Plattform Facebook beleuchtet und klassische Instrumente der Volkskunde wie Postkarten und

Fotoalben auf ihre Präsenz und ihre aktuelle Verwendung hin untersucht werden. Diese Untersuchung erfolgt rein qualitativ und spiegelt einen ausführlichen Eindruck über gängige Praxen wider, von denen auf die Gesellschaft und auf die Bedeutung für die gegenwärtige Kultur geschlossen werden kann.

Das Buch ist in acht Kapitel untergliedert. Zu Beginn wird das Thema in den Kanon der Kulturanthropologie eingeordnet und der aktuelle Forschungsstand aufgezeigt. Anschließend erfolgen eine Darstellung der verwendeten Quellen und Methoden sowie eine kurze Definition der wichtigsten Begriffe. Im zweiten Kapitel werden die Historie des Tourismus und die kulturelle Bedeutung des Reisens erläutert. Das darauffolgende Kapitel 3 beschreibt zwei bildgestützte Instrumente, die es zur Inszenierung und Berichterstattung von Urlaubsreisen gibt, nämlich Postkarten und die Fotografie. Rein mündliche Erzählungen sind für diese Untersuchung nicht von Bedeutung. Im vierten Kapitel werden die Plattformen vorgestellt, die für die Präsentation von Urlauben eine Rolle spielen. Relevant für diese Untersuchung sind Fotoalben, Diaabende und das soziale Netzwerk Facebook, das in Kapitel 4.3 vorgestellt und in den Kontext des *Web 2.0*[12] eingeordnet wird. Es wird beschrieben, welche Möglichkeiten zur Urlaubsberichterstattung die Plattform Facebook bietet.

Im anschließenden empirischen Teil der Untersuchung werden die geführten Interviews in Kapitel 5 anhand von acht Kategorien ausgewertet, was letztendlich zur Beantwortung der Forschungsfrage führen wird. Die Aussagen der Gesprächspartner werden zu diesem Zweck mit der behandelten Forschungsliteratur in Bezug gesetzt und analysiert. In einem Fazit sollen die Ergebnisse der Untersuchung anschließend zusammengefasst werden. Eine kritische Reflektion der Methode erfolgt in Kapitel 7. Das letzte Kapitel zeigt einen Ausblick, in dem weitere Forschungsfragen, die durch die qualitative Studie aufgeworfen wurden, thematisiert werden und ein Blick in die Zukunft gerichtet wird. [13]

1.3 Relevanz des Themas für die Volkskunde/Kulturanthropologie

Einst galt die Volkskunde „als die Wissenschaft von der Sesshaftigkeit."[14] Sie etablierte sich im Spannungsfeld „der ambivalenten Deutung der Moderne, Heimat vs. Entwurze-

---

[12] Erklärungen und eine Definition zum Web 2.0 finden sich ebenfalls in Kapitel 4.3.
[13] Die Transkripte, die als Quelle für die Analyse dienen, befinden sich im Anhang der Studie.
[14] Göttsch-Elten, Silke: Mobilitäten. Alltagspraktiken, Deutungshorizonte und Forschungsperspektiven. In: Johler, Reinhard; Matter, Max; Zinn-Thomas, Sabine (Hg.): Mobilitäten. Europa in Bewegung als Herausforderung kulturanalytischer Forschung. 37. Kongress der deutschen Gesellschaft für Volkskunde, Freiburg im Breisgau. Münster 2011, S. 15-29, hier: S. 25.

lung, Land vs. Stadt [...]"[15] und sicherte sich so um die Jahrhundertwende vom 19. zum 20. Jahrhundert gesellschaftliche Wertschätzung. Doch auch Forschungsfelder rund um die Themen Reisen und Tourismus wurden im Laufe des 20. Jahrhunderts in den Kanon der Volkskunde, aus der sich die Kulturanthropologie entwickelt hat, aufgenommen und zählen zum Bereich der Freizeitforschung. Reisen gehört zur Kultur der Deutschen „wie Weihnachten, Ostern und die Saisonabläufe der Fußball-Bundesliga"[16], so der Volks-kundler Konrad Köstlin. Reisen sind fester Bestandteil des Jahresrhythmus und somit auch der Alltagskultur. Wie bereits in der Einleitung erwähnt, ist das Berichten von Rei-sen ebenfalls noch Teil einer Reise und schließt diese erst ab. Um von Reisen berichten zu können, ist es wichtig, diese bildlich festgehalten zu haben, weshalb das Thema der Fotografie eine zentrale Rolle bei der Urlaubsberichterstattung einnimmt und Raum für interdisziplinäre Betrachtungen bietet. Fotografie ist Dokument, Quelle und künstleri-scher Ausdruck beziehungsweise künstlerisches Objekt zugleich. Unter kulturanthropo-logischen, historischen, medienwissenschaftlichen und kunstgeschichtlichen Aspekten können unzählige Aspekte der Fotografie untersucht werden, wobei in dieser Studie die kulturanthropologische Bedeutung von Fotos als Erinnerungsobjekt im Vordergrund stehen soll. Doch auch die Aufbereitung und Inszenierung von Fotos soll betrachtet werden und mit Fotoalbum und Diaabend sind zwei klassische Themen der Volkskunde relevante Untersuchungsaspekte dieser Studie.

Das Versenden von Postkarten an die Daheimgebliebenen war jahrzehntelang aus kei-nem Urlaub wegzudenken. In Anbetracht der gesunkenen Anzahl der versendeten Kar-ten[17] müssen ihre Vorteile in einer Zeit, in der Grüße in Millisekunden elektronisch übermittelt werden können, jedoch hinterfragt werden. Postkarten sind Kommunikati-onsmedium und Sammel- und Erinnerungsobjekt zugleich und daher ein wichtiger Un-tersuchungsgegenstand der Kulturanthropologie.

Soziale Netzwerke werden immer bedeutsamer für den Alltag vieler Menschen, wie al-leine die Nutzerzahlen von Facebook belegen. Eine Milliarde Menschen nutzen Face-book weltweit,[18] was etwa einem Siebtel der Weltbevölkerung entspricht. Diese enorme Präsenz macht es unmöglich, Facebook aus dem Kanon der Kulturanthropologie weg-

---

[15] Göttsch-Elten (2011), S. 25.
[16] Köstlin, Konrad: Wir sind alle Touristen – Gegenwelten als Alltag. In: Cantauw, Christiane (Hg.): Arbeit Freizeit Reisen. Die feinen Unterschiede im Alltag. Münster 1995, S. 1-12, hier: S. 5.
[17] http://www.nifab.de/2012/02/die-zahl-der-verschickten-postkarten-sinkt-rapide-online-postkarten-verschicken/ Stand: 16.01.2013.
[18] http://www.faz.net/aktuell/wirtschaft/soziales-netzwerk-facebook-hat-eine-milliarde-nutzer-11913558.html Stand: 17.10.12.

zudenken. Die Plattform ist – ebenso wie Reisen – zu einem Teil der Alltagskultur avanciert und bietet eine Grundlage für zahlreiche Untersuchungen, da dort kulturelle Aspekte, wie die Ausprägung von Identität oder Selbstdarstellung und Menschen in Interaktion beobachtet werden können. Dass nun ein digitales Netzwerk eine zentrale Rolle in der Urlaubsberichterstattung einnimmt, die lange Zeit von klassischen Fotoalben, Postkarten oder sogenannten Diaabenden geprägt war, bedarf einer Untersuchung mit Blick auf den sich vollziehenden Wandel. Mit Facebook ist ein neues Kommunikationsmedium hinzugekommen, dessen Bedeutung und Verwendung für die Urlaubsberichterstattung im Zuge dieser Studie betrachtet werden soll.

Aufgabe der Kulturanthropologie ist das Betrachten und Beschreiben von Alltagsphänomenen, denn diese definieren die Kultur. Durch menschliches Verhalten können Rückschlüsse auf kulturelle Konzepte geschlossen werden, die in den Köpfen der Gesellschaft bewusst und unbewusst verankert sind. So sind alle gewählten Formen der Berichterstattung von Reisen, sei es per Postkarte, per Facebook oder per Fotoalbum, Zeichen des kulturellen Ausdrucks. In der vorliegenden Untersuchung wird ein für die Kulturanthropologie relevantes Themengebiet betrachtet, nämlich der Mensch in einem Spannungsfeld zwischen Kultur und Technik. Darüber hinaus werden zeitgenössische Phänomene und der Umgang mit klassischen Instrumenten in einer von Digitalität geprägten Umgebung analysiert.[19]

1.4 Forschungsstand

Für das Forschungsanliegen *Urlaub 2.0 – Die Nutzung sozialer Netzwerke bei Urlaubsreisen am Beispiel von Facebook* reicht Literatur aus dem Kanon der Volkskunde und Kulturanthropologie nicht aus. Sie muss um Werke aus der Medien- und Kommunikationswissenschaft sowie aus der Soziologie ergänzt werden. Für viele Unterthemen kann jedoch auf volkskundliche Literatur zurückgegriffen werden, da dort insbesondere für die Bereiche Fotografie und Postkarte zahlreiche Publikationen vorliegen. Im Jahre 1959 erschien mit Richard Carlines *Pictures in the Post* in England die erste Veröffentlichung zur Postkarte als Forschungsthema. Zu Beginn der 70er Jahre setzt dann auch in Deutschland das Interesse an „Postkarten als historische Bildquellen und als lohnende

---

[19] Die Begriffe Gesellschaft und Umgebung beziehen sich auf die deutsche Bevölkerung zu Beginn des 21. Jahrhunderts.

Sammelobjekte ein."[20] Weiter verstärkt hat sich dieses Interesse in den 80er Jahren. Seitdem gibt es zu diesem Thema auch zahlreiche Literatur, die interdisziplinär geprägt ist. So untersucht Volkskundlerin Karin Walter das Thema Postkarte unter einem fotografischen und motivzentrierten Schwerpunkt in ihrer Abhandlung *Postkarte und Fotografie,*[21] der Brite Martin Willoughby nähert sich dem Thema historisch mit vielen Illustrationen[22] und Kultur- und Literaturwissenschaftlerin Anett Holzheid betrachtet Postkarten interdisziplinär in *Das Medium Postkarte. Eine sprachwissenschaftliche und mediengeschichtliche Studie.*[23] Die Besonderheit dieses Werkes ist seine Aktualität – es ist aus dem Jahr 2011. Es zeigt sich, dass das Thema Postkarte also noch immer präsent ist und gerade mit der Entwicklung neuer Medien und Möglichkeiten, Urlaubsgrüße zu versenden, wieder näher betrachtet werden muss.

Den Begriff des *Knipsers*, der im Zusammenhang mit der Urlaubsfotografie für diese Untersuchung zentral ist und in Kapitel 3.2. näher erläutert wird, hat der Fotograf Timm Starl durch seine Ausstellung „Die Geschichte der privaten Fotografie […]" im Münchner Stadtmuseum 1995/96 in der Fotokunde verbreitet und etabliert.[24] Irene Ziehe benutzt diesen Terminus ebenfalls in ihrem Beitrag *Fotografieren. Bewahren. Erinnern. Zum Phänomen des "Knipsens"* in Band 1 des Ausstellungskataloges des Museums Europäischer Kulturen mit dem Titel *Faszination Bild. Kulturkontakte in Europa.*[25] Christiane Schurian-Bremeckers Beitrag *Anpirschen, beobachten, abwarten, schießen. Fotografie als touristische Verhaltensweise* in *Reisebilder. Produktion und Reproduktion touristischer Wahrnehmung* von Christoph Köck[26] verdeutlicht den Wert von Urlaubsfotos für den Reisenden. *Die Reise im Zeitalter ihrer technischen Reproduzierbarkeit: zum Beispiel Diaabend*[27] von den Volkskundlerinnen Elisabeth Fendl und Klara Löffler

---

[20] Walter, Karin: Postkarte und Fotografie (Veröffentlichungen zur Volkskunde und Kulturgeschichte). Würzburg 1995, S. 4.
[21] Walter (1995).
[22] Willoughby, Martin: Die Geschichte der Postkarte. Ein illustrierter Bericht von der Jahrhundertwende bis in die Gegenwart. Erlangen 1993.
[23] Holzheid, Anett: Das Medium Postkarte. Eine sprachwissenschaftliche und mediengeschichtliche Studie. Berlin 2011.
[24] Vgl. Ziehe, Irene: Fotografieren. Bewahren. Erinnern. Zum Phänomen des "Knipsens". In: Karasek, Erika; Claassen, Uwe (Hg.): Faszination Bild. Kulturkontakte in Europa. Berlin 1999, S. 97-113, hier: S. 97.
[25] Karasek, Erika; Claassen, Uwe (Hg.): Faszination Bild. Kulturkontakte in Europa. Berlin 1999.
[26] Schurian-Bremecker, Christiane: Anpirschen, beobachten, abwarten, schießen. Fotografie als touristische Verhaltensweise. In: Köck, Christoph (Hg.) Reisebilder. Produktion und Reproduktion touristischer Wahrnehmung. Münster/New York/München/Berlin 2001, S. 199-208.
[27] Fendl, Elisabeth; Löffler, Klara: Die Reise im Zeitalter ihrer technischen Reproduzierbarkeit: zum Beispiel Diaabend. In: Cantauw, Christiane (Hg.): Arbeit Freizeit Reisen. Die feinen Unterschiede im Alltag. Münster 1995, S. 55-68.

darf bei einer Betrachtung der kulturellen Bedeutung von Fotografie und ihrer Aufbereitung ebenfalls nicht fehlen.

Auch zum Thema Reisen gibt es kulturanthropologische Werke, die den Menschen im
Spannungsfeld sich verändernder Gegebenheiten im Zuge der Tourismusentwicklung
betrachten. Zu nennen ist zunächst Theresa Frank mit *Begegnungen – Eine kritische
Hommage an das Reisen.*[28] Reisen wird hier sowohl aus dem Blickwinkel des Reisenden als auch der Bereisten unter dem Aspekt der Horizonterweiterung durch die Be-
gegnung mit fremden Menschen und Kulturen betrachtet. Christoph Hennig nähert sich
dem Thema Reisen in *Reiselust. Touristen, Tourismus und Urlaubskultur*[29] von 1997
unter anderem, indem er die Reisemotive von Menschen hinterfragt.

Dass der Mensch in den meisten Werken der Volkskunde im Mittelpunkt steht, ist auf
einen Paradigmenwechsel im Jahr 1970 zurückzuführen, bei dem sich das Fach den Sozialwissenschaften annäherte. Nicht mehr nur Objektivationen, also die vom rein Subjektiven gelöste Darstellung, sondern der Mensch im Bezug zur Kultur und seiner Umwelt steht seit diesem Zeitpunkt im Vordergrund der Forschung.[30] Dennoch ist die
Volkskunde ein eigenständiges Fach geblieben, wenn auch mit einem veränderten Fokus und zwar dem Menschen im Mittelpunkt.

Ein Beitrag, der alle Aspekte der Urlaubsberichterstattung in sich vereint, also sowohl
klassische als auch moderne Wege, existiert in der Volkskunde/Kulturanthropologie
bisher nicht. Daher kommt eine kulturanthropologische Untersuchung zum Thema Urlaubsberichterstattung via Facebook ohne Exkurse in andere Disziplinen nicht aus. Zwar
nimmt die Anzahl der Werke zum Thema Internet und soziale Netzwerke in der Kulturanthropologie von Jahr zu Jahr zu, die Medien- oder Sozialwissenschaften dürfen aber
in dieser Studie – auch für Erläuterungen zu den Aspekten Selbstdarstellung oder Identität – nicht vernachlässigt werden.

1.5 Quellen und Methoden

Als Quellen fungieren in dieser Untersuchung die vier geführten qualitativen Interviews. Sie bilden die Grundlage, auf deren Basis im Verlauf der Arbeit die Forschungsfrage beantwortet werden soll. In diesem Kapitel soll die für die qualitative Studie verwendete Methodik aufgezeigt und diskutiert werden. Es wird nicht der Anspruch erho-

---

[28] Frank, Theresa: Begegnungen. Eine kritische Hommage an das Reisen. Wien/Münster/Berlin 2011.
[29] Hennig, Christoph: Reiselust. Touristen, Tourismus und Urlaubskultur. Frankfurt am Main/Leipzig 1997.
[30] Vgl. Schmidt-Mappes, Isabel: Freundschaften heute. Volkskundliche Untersuchung eines Kulturphänomens. Freiburg 2001, S. 30.

ben, Auswirkungen auf einer quantitativen Ebene zu erschließen und damit repräsentative Ergebnisse zu liefern. Vielmehr ist es das Ziel dieser Untersuchung, mittels eines explorativen Ansatzes neue Erkenntnisse zu gewinnen und somit neue Forschungsbereiche herzuleiten.

1.5.1 Empirische Methodik: Qualitative Forschung

Die Besonderheit qualitativer Forschung liegt darin, dass sie sich auf wenige Untersuchungseinheiten beschränkt und weniger auf Repräsentativität ausgerichtet ist. Sie soll erste Erkenntnisse liefern, um weitere Forschungsansätze zu ermöglichen. Wenige Personen werden ausführlich befragt, was zur Ableitung neuer Fragestellungen für das jeweilige Forschungsgebiet führen kann. Qualitative Forschung erfolgt „deskriptiv-explorierend oder thesengenerierend und [ist] weniger der Überprüfung von Hypothesen verpflichtet.“[31] Aus den Einstellungen und Praxen von Interviewpartnern können Zusammenhänge abstrahiert und auf eine höhere, gesamtgesellschaftliche Ebene übertragen werden. Die Relevanz eines Themas für die Kultur und die Kulturanthropologie wird anhand qualitativer Methoden deutlich. Häufig stehen in der qualitativen Forschung keine Theorien zur Verfügung, die den Untersuchungsgegenstand ausreichend erklären. Forscher arbeiten daher wie auch in der vorliegenden Studie meist explorativ und ohne feste Hypothesen. Diese entwickeln sich anhand der gewonnenen Ergebnisse und werden anschließend „in theoretische Zusammenhänge eingeordnet.“[32]

Um herauszufinden, welchen Umgang Facebook-Nutzer mit dem Berichten über und von Urlaubsreisen pflegen, wurden vier Kontakte aus meinem privaten Netzwerk befragt. Die geführten Gespräche waren leitfadenorientierte, narrative Interviews. In der Volkskunde zählt das narrative Interview zu der am häufigsten angewandten Interviewtechnik und lässt dem Gesprächspartner großen Freiraum in seinen Antworten.[33] Der Grundgedanke des narrativen Interviews ist die „Hervorlockung“[34] von Erzählungen durch konkrete Fragen. Die Fragen dienen daher lediglich als Leitfaden und sind offen formuliert, sodass der Interviewte ausführlich antworten kann. Der Vorteil dieser Art der Befragung liegt darin, dass die Abfolge verändert werden kann und sowohl Fragen

---

[31] Schmidt-Lauber, Brigitta: Das qualitative Interview oder: Die Kunst des Reden-Lassens. In: Göttsch, Silke; Lehmann, Albrecht (Hg.): Methoden der Volkskunde. Positionen, Quellen, Arbeitsweisen der Europäischen Ethnologie. 2. überarb. u. erw. Auflage. Berlin 2007, S. 165-188, hier: S. 183.
[32] Ebd., S. 183.
[33] Vgl. Schmidt-Lauber (2007), S. 175f.
[34] Vgl. Schmidt-Lauber (2007), S. 176.

situativ umgewandelt als auch gezielte Nachfragen gestellt werden können.[35] Dieser flexible Umgang mit dem Frageleitfaden ist eine der Herausforderungen des narrativen Interviews. Weiterhin können neue Aspekte, die sich im Gespräch ergeben, vertieft werden. Die Interviewsituation soll auf diese Weise einer natürlichen Gesprächssituation möglichst nahe kommen, ohne jedoch die Rollen von Interviewer und Befragtem aufzuheben.[36] Die Auswertung der Interviews, die qualitative Inhaltsanalyse, „birgt das Problem, dass Aussagen dabei aus dem Kontext herausgelöst und die Bedeutungspotentiale reduziert werden."[37]

Vor jedem Interview habe ich die Profile und Fotoalben der jeweiligen Personen bei Facebook betrachtet, um während des Gesprächs gegebenenfalls auf Besonderheiten, einzelne Bilder oder Alben eingehen zu können und um die Facebook-Aktivität eines jeden Nutzers einzuschätzen. Auf die Profile der einzelnen Personen soll aber nicht weiter eingegangen werden, alle nötigen Informationen ergeben sich aus den Interviews und ihren Auswertungen.

Die Interviews wurden zwischen dem 04. Dezember 2012 und dem 19. Dezember 2012 durchgeführt. Zwei Befragungen wurden bei den jeweiligen Personen zu Hause geführt und zwei in einem Bonner Café. Die ungezwungene Atmosphäre und bekannte Umgebung führte zu einer entspannten Stimmung und redebereiten Interviewpartnern. Die Interviews dauerten zwischen 25 und 45 Minuten, wurden mit einem Diktiergerät aufgezeichnet und im Anschluss transkribiert. Die Begrüßungs- und Abschiedssituationen wurden dabei nicht mitberücksichtigt, da sie für die Ergebnisse dieser Studie nicht relevant sind. Es wurden umgangssprachliche Äußerungen transkribiert und übernommen und für die Verschriftlichung nur leicht angepasst. Auch unzusammenhängende Aussagen wurden transkribiert, durch Gedankenstriche kenntlich gemacht und eine Übertragung ins Schriftdeutsch an manchen Stellen durchgeführt. Der Inhalt wurde in jedem Fall beibehalten und sinngemäß nicht verändert. Für ein valides Untersuchungsdesign wurden die Fragen im Vorfeld an anderen Probanden als den Interviewpartnern getestet, um die Verständlichkeit der Fragen zu überprüfen.

Alle Interviewfragen dienen dem Zweck herauszufinden, ob und weshalb Personen ihre privaten Urlaubsfotos bei Facebook hochladen, und ob noch klassische kulturanthropo-

---

[35] Vgl. Schmidt-Lauber (2007), S. 177.
[36] Vgl. Weischer, Christoph: Sozialforschung. Konstanz 2007, S. 275.
[37] Schmidt-Lauber (2007), S. 182.

logische Objekte wie Postkarten oder Fotoalben genutzt werden, um Grüße von einer Reise zu senden und Impressionen zu vermitteln. Der Leitfaden wurde vor und während eines jeden Interviews flexibel angepasst und variierte je nach Gesprächssituation. So gab es speziell auf einige Personen zugeschnittene Fragen und solche, die für alle Interviewten gleich waren.[38]

Die Fragen beziehen sich auf die Nutzung von Facebook für das Versenden von Urlaubsgrüßen sowohl bildlicher als auch textbasierter Art, auf die Inszenierung von Reisen bei Facebook, auf die Zielgruppe, an die die Beiträge gerichtet werden und auf die Motivwahl. Weitere Fragen betreffen unter anderem das Versenden von Postkarten, die technischen Unterschiede zwischen Facebook und Postkarten, die Aufbereitung und Archivierung von Fotos und die Nutzung anderer Dienste zur Berichterstattung von Urlaubsreisen.

Aus den Antworten der Interviewpartner können acht Kategorien abgeleitet werden, denen die einzelnen Aussagen zugeordnet werden. Diese werden paraphrasiert, in Bezug zur Forschungsliteratur gesetzt und auf einer Makroebene zusammengefasst.

1.5.2 Auswahl und Rekrutierung der Interviewpartner

Aus forschungsökonomischen Gründen wurden für diese qualitative Untersuchung Personen aus meinem privaten Netzwerk befragt. Nur so ist ein Zugang zu den Profilen und somit zu den Fotos der befragten Personen möglich, da meist ein Facebook-Kontakt bestehen muss, um private Informationen einsehen zu können. Auch konnten durch die bereits bestehende persönliche Bekanntschaft zu den Interviewpartnern Hintergründe besser eingeschätzt und Fotos und Alben bereits vor den Interviews betrachtet sowie die Facebook-Aktivität der User beurteilt werden. Des Weiteren sorgte die bestehende Bekanntschaft für eine gute und angenehme Gesprächsatmosphäre. Die befragten Personen wurden durch einen Aufruf innerhalb des eigenen Facebook-Netzwerks am 06. November 2012 gefunden. Dieser Aufruf ist ebenfalls nur innerhalb des eigenen Netzwerks möglich gewesen.

Auf den Aufruf, in dem konkret nach Personen gefragt wurde, die Bilder oder Statusmeldungen aus dem Urlaub bei Facebook posten, virtuelle Alben erstellen oder Inspirationen für die nächste Reise aus geposteten Bildern gezogen haben, meldeten sich elf Kontakte. Vier davon wurden direkt aussortiert, da aufgrund eines anderen Wohnortes

---

[38] Der Leitfaden befindet sich im Anschluss an die Transkripte im Anhang.

nur ein schriftliches oder telefonisches Interview möglich gewesen wäre, ein persönliches aber aus methodischen Gründen vorgezogen wurde. Aus den verbleibenden sieben Kontakten wurden vier aufgrund spezieller Besonderheiten in der Facebook-Nutzung ausgewählt.

Die Personen gruppieren sich altersmäßig um das Durchschnittsalter des typischen Facebook-Nutzers von 29,4 Jahren[39] und stehen an unterschiedlichen beruflichen und privaten Punkten ihres Lebens. Die qualitative Untersuchung innerhalb der Stichprobe sorgt für eine Verzerrung der Wirklichkeit im Hinblick auf die Urlaubsberichterstattung. Allerdings ist in einer qualitativen Studie kein repräsentatives Abbild der Gesellschaft gewünscht, sondern die Einsicht in die Gedanken, die hinter gewissen Handlungen stehen und die Ableitung von Hypothesen daraus. Es wurden daher bewusst Personen ausgesucht, die regelmäßig Facebook nutzen und zu ihren Einstellungen befragt. Im Folgenden werden die einzelnen Personen vorgestellt.

Tobias ist 28 Jahre alt und Student der Medienwissenschaften. Er reagierte auf den Aufruf bei Facebook und bot sich als Interviewpartner an. Er interessiert sich neben dem Studium auch privat für die Themen Film und Fotografie und hat an einer Filmschule in den USA bereits einen fortgeschrittenen Umgang mit beiden Medien erlernt. Darüber hinaus hat er bei Facebook Alben veröffentlicht, dessen Fotos er mit einer herkömmlichen Polaroid-Kamera aufgenommen, eingescannt und dann ins soziale Netzwerk hochgeladen hat. Er postet in regelmäßigen Abständen Beiträge, sowohl textueller als auch bildlicher Art und kann somit als aktiver Facebook-Nutzer bezeichnet werden.

Laura[40] ist 30 Jahre alt und arbeitet nach einem Studium der Kunstgeschichte als Personalberaterin. Sie reagierte auf die Anfrage und wurde für ein Interview ausgewählt, da sie durch das regelmäßige Hochladen von Urlaubsfotos, die immer durch ein gutes Auge, besondere Blickwinkel und ansprechende Motive bestechen, geeignet schien. Sie hat bei Facebook sieben Alben mit Fotos von Reisen eingestellt und postet ebenso einzelne Bilder. Auch sie ist eine aktive Facebook-Nutzerin.

---

[39] Siehe dazu: http://www.ecommerce-manager.com/2012/05/09/wo-finden-sie-die-meisten-kunden-facebook-twitter-google/ oder http://www.beyond-print.de/2012/01/16/facebook-wachst-um-37-prozent/ Stand beider Seiten: 24.03.2013.

[40] Der Name der Befragten wurde auf eigenen Wunsch geändert.

Johannes ist 33 Jahre alt und selbstständiger Fotograf, Kamera- und Tonmann. Er fotografiert regelmäßig für die Bonner Lokalzeitung *General Anzeiger* sowie für diverse Magazine und arbeitet zusätzlich im Film- und Fernsehbereich wie zum Beispiel für *RTL* und *KiKA*. Sein professioneller Hintergrund im Bereich der Fotografie machte den Reiz für eine Befragung hinsichtlich des Umgangs mit Fotografie in sozialen Netzwerken aus. Das von ihm auf den Facebook-Aufruf angebotene Interview bedeutet somit einen interessanten Untersuchungsaspekt für diese Studie. Eines seiner Facebook-Alben zeigt 536 Fotos einer vierwöchigen Reise nach Kambodscha und wird von Johannes während des Interviews immer wieder thematisiert. Auch er ist ein aktiver Facebook-Nutzer.

Nora ist 25 Jahre alt und Studentin der Psychologie. Sie bot sich als Interviewpartnerin für die Untersuchung an und betonte direkt, dass sie bei Facebook nie ganze Alben hochlade, sondern höchstens einzelne Fotos. Dieser Aspekt macht sie für die vorliegende Studie besonders interessant, da alle anderen Personen angaben, regelmäßig sowohl einzelne Bilder zu präsentieren als auch ganze Alben zu erstellen. In der empirischen Untersuchung fungiert sie nun als Gegenpol zu den anderen drei Personen, die regelmäßig Fotoalben erstellen. Auch sie nutzt Facebook regelmäßig.

1.5.3 Probleme bei der volkskundlichen Internetforschung

Für diese Studie und die verwendeten Internetquellen ergeben sich die Einschränkungen, die stets für das Forschen in und mit dem Internet gelten.

Im Vordergrund bei der Nutzung des Internets stehen die Aspekte der Aktualität, des Informationsgehalts und der Einfachheit des Zugriffs. Bei einer wissenschaftlichen Untersuchung zum Thema Facebook liegt es nahe, Artikel aus dem Internet hinzuzuziehen, da diese tagesaktuell sind. Sich ständig ändernde Nutzerzahlen, Neuigkeiten zum Börsengang von Facebook oder auch Zahlen zur Smartphone- und Internetnutzung können nicht mit der Geschwindigkeit in Bücher gedruckt werden, mit der sie sich verändern. Das Internet ist nach wie vor die schnellste Informationsquelle und daher häufig noch vor Zeitungen oder dem Fernsehen für viele Menschen die erste Wahl.[41] Auch eine Studie, die Facebook als Teil des Untersuchungsgegenstands beinhaltet, kommt ohne das

---

[41] Im Jahr 2012 lag der Anteil der Internetnutzer in Deutschland bei 75,6 Prozent. Siehe: http://de.statista.com/statistik/daten/studie/13070/umfrage/entwicklung-der-internetnutzung-in-deutschland-seit-2001/ Stand: 24.03.2013.

Internet nicht aus. Eine Registrierung bei Facebook ist eine notwendige Voraussetzung für die Betrachtung der Funktionen, die die Plattform zur Reiseberichterstattung bietet. Für aus dem Internet entnommene Informationen gilt, dass diese nicht immer richtig sein müssen. Auf gewisse Seiten kann jeder zugreifen und die Informationen verändern wie zum Beispiel auf Wikipedia, eine aus von Usern beigesteuerten Inhalten bestehende Wissensplattform. Auch Facebook-Profile und mit ihnen zusammenhängende Informationen müssen nicht immer der Realität entsprechen. Als Quelle muss das Internet daher prinzipiell kritisch betrachtet werden, da es keine Gewähr für Wissenschaftlichkeit, Authentizität und Richtigkeit gibt. „Deswegen aber grundsätzlich jeden Informationsgehalt von Daten aus […] dem Internet anzuzweifeln, ginge indessen [aber] zu weit."[42]

1.6 Begriffsdefinitionen

An dieser Stelle sollen zentrale Begriffe der Studie definiert werden, die bei der Auswertung der Interviews zum Tragen kommen und für die Bildung der Kategorien auf einer Makroebene sowie für das anschließende Beantworten der Forschungsfrage entscheidend sind. Zu nennen sind hier die Begriffe *Selbstdarstellung, Inszenierung, Identität, Öffentlichkeit* und *Privatheit*.

1.6.1 Selbstdarstellung

Sowohl die Inszenierung von Reisen als auch die Berichterstattung von ihnen beinhaltet so wie alle Momente menschlicher Interaktion Prozesse der Selbstdarstellung,[43] weshalb der Begriff im Rahmen dieser Studie einer Definition bedarf. Der Terminus entstammt der Sozialpsychologie und kann folgendermaßen erläutert werden:

> „[Selbstdarstellung ist] der Versuch, uns als den Menschen zu präsentieren, der wir sind oder von dem wir wollen, dass andere Menschen glauben, dass wir so sind; dies geschieht durch die Worte, die wir sprechen, unser nonverbales Verhalten wie auch unsere Handlungen."[44]

Die Medienpsychologin Nicola Döring ergänzt:

> „Man spricht von Selbstdarstellungsverhalten, um zum Ausdruck zu bringen, dass wir unser soziales Verhalten in der Regel so gestalten, dass wir bei denjenigen Per-

---

[42] Hengartner, Thomas: Volkskundliches Forschen im, mit dem und über das Internet. In: Göttsch, Silke; Lehmann, Albrecht (Hg.): Methoden der Volkskunde. Positionen, Quellen, Arbeitsweisen der Europäischen Ethnologie, 2. überarb. u. erw. Auflage. Berlin 2007, S. 187-209, hier S. 193.
[43] Vgl. Misoch, Sabrina: Identitäten im Internet. Selbstdarstellung auf privaten Homepages. Konstanz 2004, S. 29.
[44] Aronson, Eliot; Wilson, Timothy D.; Akert, Robin M.: Sozialpsychologie, 4., aktualisierte Auflage. München 2004, S. 177.

sonen, die gerade anwesend sind oder denen unser aktuelles Verhalten bekannt werden könnte, einen günstigen Eindruck hinterlassen. Ein *günstiger Eindruck* ist nicht unbedingt ein positiver Eindruck, sondern ein zielkonformer Eindruck."[45]

Menschen versuchen also durch verschiedene Methoden mit unterschiedlichen Instrumenten sich selbst zu präsentieren und auf diese Art und Weise einen für sie nützlichen Eindruck zu vermitteln: „Nicht wie wir erscheinen, sondern wie wir erscheinen wollen, das sagt etwas über uns."[46]

1.6.2 Inszenierung

Auch der Begriff der Inszenierung taucht im Zusammenhang mit der Präsentation von Urlaubsfotos im Verlauf der Studie häufig auf und soll an dieser Stelle kurz definiert werden. Als Inszenierungen werden Akte und wahrnehmbare Manifestationen bezeichnet, die für ein Publikum oder vor einem Publikum vollzogen werden, dessen Existenz sich der Akteur bewusst ist. Dieses Publikum muss bei der Darstellung mit einberechnet werden.[47]

„Daran knüpft dann jeweils die Frage, was wie und warum gezeigt oder nicht gezeigt wird. Inszenierungen betreffen das absichtsvolle Sichtbarmachen von Entscheidungen, Beschlüssen, Ereignissen, Vorgängen etc. vor einem Publikum, doch auch ihr absichtsvolles Ausklammern, Verschleiern oder Verbergen."[48]

Inszenierung und Selbstdarstellung sind eng miteinander verknüpft.

1.6.3 Identität

Der zum Grundkanon der Volkskunde gehörende Begriff definiert sich nach Wolfgang Kaschuba wie folgt:

„[D]er Begriff Identität [lässt sich] als ein anthropogenes, also menschheitsgeschichtliches Grundmuster verstehen, das in den Wunsch mündet sich als soziales Wesen in den Zusammenhang seiner Umwelt einzupassen und dabei durch Übereinstimmung wie durch Abgrenzung seinen spezifischen ‚sozialen Ort' zu finden."[49]

Hermann Bausinger setzt sich ebenfalls mit dem Identitätsbegriff auseinander:

---

[45] Döring, Nicola: Sozialpsychologie des Internet. Die Bedeutung des Internet für Kommunikationsprozesse, Identitäten, Soziale Beziehungen und Gruppen, 2., vollst. überarb. und erw. Auflage. Göttingen 2003, S. 334.
[46] Abels, Heinz: Identität. Wiesbaden 2006, S. 324.
[47] Vgl. Schultz, Tanjev: Alles inszeniert und nichts authentisch? Visuelle Kommunikation in den vielschichtigen Kontexten von Inszenierung und Authentizität. In: Knieper, Thomas; Müller, Marion (Hg.): Authentizität und Inszenierung von Bilderwelten. Köln 2003, S. 10–24, hier S. 12.
[48] Schultz (2003), S. 12.
[49] Kaschuba, Wolfgang: Einführung in die Europäische Ethnologie, 3. Auflage. München 2006, S. 134.

„Der Begriff verkörpert, so weit die Konnotationen im einzelnen auseinander laufen mögen, ein Moment von Ordnung und Sicherheit inmitten des Wechsels; und
sein besonderer Reiz liegt dabei darin, dass er nicht eigentlich die Bedeutung von
Starrheit oder Erstarrung vermittelt, sondern dass er verhältnismäßig elastisch etwas Bleibendes in wechselnden Konstellationen anvisiert."[50]

Für die Urlaubsberichterstattung bedeutet dies, dass die eigene Identität durch das Festhalten von Eindrücken sowohl für andere als auch für einen selbst bestätigt wird. Und
weiter:

„Identität ist ein analytisches Konstrukt; aber Identität ist gleichwohl direkt erfahrbar: als Gefühl der Übereinstimmung des Individuums mit sich selbst und seiner Umgebung, und vielleicht noch deutlicher in der negativen Form: im Be-
wusstsein oder Gefühl mangelnder Übereinstimmung."[51]

Identität ist ein Balanceakt zwischen der Variabilität sich verändernder Lebenssituatio-
nen und der Konstanz zeitlich überdauernder Persönlichkeitseigenschaften. Identität beschreibt den Prozess, sich in seiner Umwelt individuell zu präsentieren. Über Urlaubsfotos kann dies deutlich werden. Sowohl die Übereinstimmung mit anderen als auch die
freie Entfaltung sowie die damit verbundene Abgrenzung von anderen sind Bestandteile
des Identitätskonstrukts. Kaschuba unterscheidet zwischen individueller und kollektiver
Identität: „Identität [meint sowohl] eine Ich- als auch eine Wir-Identität, zwei sich in-
einander verschränkende Bedeutungsdimensionen von Selbstsein und Dazugehören."[52]
Ich-Identität kann dabei nur in Interaktion mit anderen gewonnen werden und ist von
ihnen abhängig. Sie bildet sich aus der eigenen Biographie und den Identifikationszu-
schreibungen anderer.[53] Eine mangelnde Übereinstimmung mit anderen macht Identität
erst bewusst. In der „Multioptionsgesellschaft"[54], die sich auch mit der Durchdringung
des Internets aller Lebensbereiche etabliert hat, steht nicht mehr die Frage danach, was
Identität ist und wie sie bewahrt werden kann im Vordergrund, sondern wie „Identität
als nie abzuschließendes Projekt stetig hergestellt und verändert werden kann."[55] Dieser

---

[50] Bausinger, Hermann: Zur kulturalen Dimension von Identität. In: Zeitschrift für Volkskunde 73 (1977), S.
210-215, hier S. 210.
[51] Ebd., S. 210.
[52] Kaschuba (2006), S. 134.
[53] Siller, Hermann Pius: Menschwerden im Aufeinandertreffen und Wandel der Kulturen. Eine Problemskizze. In: Schreijäck, Thomas (Hg.): Menschwerden im Kulturwandel. Kontexte kultureller Identität als
Wegmarken interkultureller Kompetenz. Initiatoren und ihre Inkulturationsprozesse. Lutzern 1999, S. 19-40,
hier S. 28.
[54] Vgl. Gross, Peter: Die Multioptionsgesellschaft. Frankfurt am Main 1994.
[55] Vogelgesang, Waldemar: Digitale Medien – Jugendkulturen – Identität. In: Hugger, Kai-Uwe (Hg.): Digitale Jugendkulturen. Wiesbaden 2010, S. 37-53, hier S. 38.

Prozess kann als „alltägliche Identitätsarbeit"[56] bezeichnet werden, für die zum Beispiel Facebook eine große Plattform bietet. Durch die Interaktion mit anderen wird Identität gewonnen, insbesondere durch Reaktionen auf Beiträge und Fotos.

1.6.4 Öffentlichkeit

Öffentlichkeit ist ein schwer zu fassendes Konstrukt und im Rahmen der Urlaubsberichterstattung besonders im Hinblick auf das Publikum, dem Eindrücke vermittelt werden, von Bedeutung. In Abgrenzung zur Öffentlichkeit muss ebenfalls der Begriff Privatheit definiert werden, der die „entgegengesetzte Sphäre"[57] zur Öffentlichkeit bildet. Beide Begriffe sind schwer zu fassen und zu definieren – es gibt zahlreiche Ansätze und Theorien. Da für diese Studie ein grobes Verständnis der beiden Begriffe aber ausreicht, werden nur die Grundzüge und Charakteristika dieser Konstrukte erläutert und was sie ausmacht.

Der Öffentlichkeitsbegriff ist im Alltagsverständnis nicht eindeutig definiert. So gibt es verschiedene Öffentlichkeiten, wie den Staat, das politische System oder die Massenmedien, eben alle Bereiche des Lebens, die nicht privat, sondern öffentlich „d.h. auch Fremden zugänglich"[58] sind. Ursprünglich bedeutete Öffentlichkeit einen Bereich, „der nicht geheim und entsprechend der Allgemeinheit zugänglich, also offen ist und [...] bezieht sich auf den Bereich staatlicher Angelegenheiten."[59] Neben seiner bisherigen abstrakten Bedeutung nahm der Begriff erst im Laufe des 19. Jahrhunderts „die Bedeutung eines Personenverbandes an."[60] Laut dem Systemtheoretiker Niklas Luhmann besteht Öffentlichkeit aus „breit angelegter Kommunikation mit Unbekannten."[61] Dabei ist die Anzahl dieser Unbekannten unüberschaubar. Jeder kann Teil dieser Öffentlichkeit sein: „Was immer in der Öffentlichkeit gesagt und getan wird, diffundiert in eine unübersehbare Umwelt."[62] Die Besonderheit der Öffentlichkeit ergibt sich daraus, „dass alle Mitglieder einer Gesellschaft teilnehmen dürfen, das Publikum ist grundsätzlich un-

---

[56] Vogelgesang (2010), S. 38.
[57] Zitiert nach: Ritter, Martina: Die Dynamik von Privatheit und Öffentlichkeit in modernen Gesellschaften. Wiesbaden 2008, S. 40.
[58] Gerhards, Jürgen; Neidhardt, Friedhelm: Strukturen und Funktionen moderner Öffentlichkeit. Fragestellungen und Ansätze. Berlin 1990, S. 4.
[59] Gerhards; Neidhardt (1990), S. 4.
[60] Ebd., S. 4.
[61] Luhmann, Niklas: Öffentliche Meinung. In: Luhmann, Niklas (Hg.): Politische Planung. Aufsätze zur Soziologie von Politik und Verwaltung. Opladen 1971, S. 9-34, hier: S. 24.
[62] Gerhards; Neidhardt (1990), S. 16.

abgeschlossen.“[63] Offenheit ist daher eine „Konstitutionsbedingung von Öffentlichkeit.“[64]

Wichtig ist auch die Kommunikationskomponente im Zusammenhang mit Öffentlichkeit. Kommunikation und Öffentlichkeit sind aneinander gekoppelt, wie auch der Amerikanist Michael Warner feststellt.[65] Das System beruht auf der „Basis des Austauschs von Informationen und Meinungen.“[66] Im bürgerlichen Verständnis bedeutet Öffentlichkeit, dass alles „für jeden und zu jeder Zeit zugänglich ist.“[67]

1.6.5 Privatheit

Privatheit ist eine abstrakte Kategorie und „das Ergebnis einer Zuordnung“[68] und existiert im Grunde nicht beziehungsweise nur über die Abgrenzung zum Öffentlichen: „Was unter Privatheit verstanden und wie sie konzipiert wird, ist also eine kulturrelative Variable.“[69] Der Begriff ist aus den gleichen Gründen wie der Öffentlichkeitsbegriff für diese Studie relevant.

Privatheit in Gänze zu erläutern ist an dieser Stelle nicht möglich. Es werden daher zwei Annäherungen an den Begriff, deren Aspekte bei der Auswertung der Interviews wieder aufgegriffen werden, wiedergegeben. Beide Definitionen schreiben dem Terminus Privatheit drei Dimensionen zu. Dennis Gräf, Medienwissenschaftler mit volkskundlichem Hintergrund bezeichnet Privatheit als „kontextrelativ beziehungsweise raumbezogen.“[70] Auf erster Ebene wird Privatheit mit „physisch-topographischen Räumen (zum Beispiel Wohnung) korreliert.“[71] In zweiter Dimension ist sie immer auch ein „abstrakter mentaler, das heißt topologisch-metaphorischer beziehungsweise semantischer Raum (zum Beispiel Privatsphäre)“[72] und drittens ist Privatheit eine soziokulturell geprägte Wahrnehmungsstruktur. Die Philosophin Beate Rössler unterscheidet ebenfalls drei Dimensionen von Privatheit. Dezisionale Privatheit, die erste Ebene, umfasst nach ihrer Defini-

---

[63] Gerhards; Neidhardt (1990), S. 16.
[64] Ebd., S. 16.
[65] Warner, Michael: Publics and Counterpublics. Camebridge 2002, zitiert nach: Dietzsch, Ina: Zusammen sind wir super! Die SUPERillu – ein neues Medium jenseits neuer Medien. In: Kulturation. Online Journal für Kultur, Wissenschaft und Politik, Text 23, 2008. Siehe: http://www.kulturation.de/ki_1_text.php?id=44 Stand: 23.01.2013.
[66] Gerhards; Neidhardt (1990), S. 15.
[67] http://www.kulturation.de/ki_1_text.php?id=44 Stand: 23.01.2013.
[68] Gräf, Dennis; Halft, Stefan; Schmöller, Verena: Privatheit. Zur Einführung. In: Dies. (Hg.): Privatheit. Formen und Funktionen. Passau 2011, S. 9-28, hier: S. 10.
[69] Ebd., S. 10.
[70] Gräf; Halft; Schmöller (2011), S. 13.
[71] Ebd. S. 13.
[72] Ebd. S. 13.

tion die Autonomie des Individuums. Dabei geht es um „Freiheit im Kontext der gesellschaftlichen Vorgaben."[73] Diese prinzipielle Freiheit bedeutet, „die eigene Lebensform unkommentiert zu lassen und nicht ins Licht der Öffentlichkeit zu rücken."[74] Die zweite Dimension der Privatheit ist laut Rössler die informationelle Privatheit. Inhalt dieser Dimension ist „die Selbstbestimmung des Subjektes, die Informationen und das Wissen über sich und das eigene Leben zu kontrollieren."[75] Die dritte Dimension von Privatheit bezieht sich auf die lokale Privatheit, die „[...] der private Ort [ist], der dem Subjekt allein gehört oder über dessen Zugänglichkeit es bestimmt [und] an dem ein Subjekt seine Lebensform *leben* kann."[76] Privatheit kann als „symbolischer Raum, in dem das Subjekt sich selbst entfaltet"[77] betrachtet werden. Der Philosoph Roland Barthes beschreibt im Jahr 1980 in seinen *Bemerkungen zur Photographie* den Einbruch des Privaten in den öffentlichen Raum, der mit dem Zeitalter der Fotografie einhergeht: „[...] das Private wird [...] öffentlich konsumiert"[78], der neue Wert der „Öffentlichkeit des Privaten"[79] ist geschaffen.

Es zeigt sich, dass Privatheit ein komplexes Konstrukt ist, welches nicht eindeutig definiert werden kann. Ursprünglich war der Begriff der Privatheit stark an das Konstrukt Familie geknüpft, der kulturelle Wandel dieses Begriffs und die Grenzverschiebung ist der Onlinekommunikation als ein wesentlicher Faktor zuzuschreiben.[80] Durch das Internet haben sich Wege geändert und geöffnet, so ist zu der *one-to-one*-Individualkommunikation, die zum Beispiel den privaten E-Mail-Austausch beinhaltet und der *one-to-many*-Massenkommunikation, bei der ein Anbieter Inhalte für viele Nutzer bereitstellt die *many-to-many*-Kommunikation hinzugekommen.[81] Diese many-to-many-Kommunikationsmöglichkeiten „erlauben potenziell einen Dialog aller Beteiligten, die Botschaften oder multimediale Inhalte untereinander austauschen."[82]

---

[73] Zitiert nach: Ritter (2008), S. 46.
[74] Ritter (2008), S. 47.
[75] Ritter (2008), S. 48.
[76] Ritter (2008), S. 49.
[77] Ritter, Martina: *Alltag* im Umbruch. Zur Dynamik von Öffentlichkeit und Privatheit im neuen Russland. Hamburg 2008, S. 27.
[78] Barthes, Roland: Die helle Kammer. Bemerkungen zur Photographie. Übers. v. Dietrich Leube, 1. Auflage. Frankfurt am Main 1985, S. 109.
[79] Barthes (1985), S. 109.
[80] Konert, Bertram; Hermanns, Dirk: Der private Mensch in der Netzwelt, In: Weiß, Ralph; Groebel, Jo. (Hg.): Privatheit im öffentlichen Raum. Medienhandeln zwischen Individualisierung und Entgrenzung. Opladen 2002, S. 415-198, hier: S. 418.
[81] Vgl. Konert; Hermanns (2002), S. 417.
[82] Konert; Hermanns (2002), S. 418.

Hauptteil: Theorie

2. Reisen

2.1 Reisen und die Entstehung des Tourismus

Das Wort *Tourismus* stammt vom griechischen *tornos*, für *zirkelähnliches Werkzeug* und ist über das lateinische *tornare*, was so viel heißt wie *runden* und das französische *tour* ins Deutsche und auch Englische gelangt.[83] Eine Tour bezeichnet „eine Reise weg vom normalen Wohnort hin zu einem anderen Ort, an dem man für eine Zeit verweilt, um dann wieder zum Ausgangspunkt zurückzukehren; ein Tourist ist jemand, der eine solche Tour macht."[84] Das Wort *Reise* ist gebräuchlicher und stammt vom englischen *rise*, also *hochgehen, Anstieg, Erhöhung*. Der Begriff bezeichnet „den Aufbruch, das Wegfahren"[85], wobei die Rückkehr in diesem Begriff, anders als im Tourismus-Begriff nicht miteinbezogen ist. Unter dem Oberbegriff Tourismus werden „alle Reisen, unabhängig von ihren Zielen und Zwecken, […] die den zeitweisen Aufenthalt an einem anderen als den Wohnort einschließen und bei denen die Rückfahrt Bestandteil der Reise ist"[86], bezeichnet. In der Regel beschränkt sich der Begriff des Touristen in der Alltagssprache auf Urlaubsreisende. Die Begriffe *Urlaub* und *Urlauber* werden ebenso in der Alltagssprache häufig als Synonyme für Reise und Tourist verwendet.[87] Urlaub ist definiert als „die Erlaubnis, ohne das Arbeitsverhältnis damit zu beenden, für eine Zeit die Dienstaufgaben niederzulegen."[88] Urlaubsreisen sind ein wichtiges Freizeitthema, denen im Tourismus die größte Aufmerksamkeit gilt. Sie werden von einem großen Teil der Bevölkerung aus wirtschaftlich entwickelten Ländern unternommen und dem Interesse der Menschen entsprechend, „wird der Markt für Urlaubsreisen durch die Medien […] stark beachtet."[89]

Die Entwicklung des Reisens soll nun kurz skizziert werden, um im Anschluss die kulturelle Bedeutung von Reisen zu diskutieren.

---

[83] Vgl. Mundt, Jörn W.: Tourismus. 3. überarb. u. ergänzte Auflage, München 2006, S. 1.
[84] Mundt (2006), S. 1.
[85] Mundt (2006), S. 2.
[86] Mundt (2006), S. 3.
[87] Vgl. Mundt (2006), S. 9.
[88] Mundt, Jörn W.; Lohmann, Martin: Erholung und Urlaub. Zum Stand der Erholungsforschung im Hinblick auf Urlaubsreisen. Starnberg 1988, S. 20.
[89] Mundt (2006), S. 10.

Bis zum Mittelalter waren Pilgerfahrten die Hauptformen des „nicht-utilitären Reisens."[90] Aufgrund der Interessenverschiebung Reisender „zugunsten der Neugier geht um 1550 die Pilgerreise in die Bildungsreise über."[91] Gänzlich neu ist dieser Trend aber nicht, denn bereits im Mittelalter gingen Handwerker, Studenten und junge Menschen auf Wanderschaft, um Erfahrungen zu sammeln. Ab dem 16. Jahrhundert etablierte sich die sogenannte *Grand Tour* in Aristokratenkreisen, die der Ausbildung und Erweiterung des Horizonts junger Adliger diente. Hierbei mussten besonders humanistisch gebildete englische Aristokraten über Frankreich nach Italien reisen, um an fremden Höfen Weltgewandtheit, Bildung und Etikette zu erwerben.[92]

Auch reisende Studenten tauchen in der Geschichte immer wieder auf, denn: „Wissensvermittlung wird nicht mehr nur Bildungsstätten wie Universitäten zugeschrieben; man lerne im Unterwegssein, indem man die Welt durchstreift."[93] Diese Studien- und Forschungsreisen bewirken, dass Reisen immer populärer wird. Im 18. Jahrhundert, zur Zeit der Entstehung der touristischen Reise, ist diese noch ein Privileg der Adeligen, Reichen und Großbürger.[94] Der eingangs erwähnte Begriff des Tourismus beziehungsweise Touristen taucht im englischsprachigen Raum zum ersten Mal um 1800 auf.

Um 1900 sind Urlaubsreisen für normale Arbeitnehmer nicht nur monetär unmöglich, sondern auch der Mangel an Freizeit führt dazu, dass Verreisen nicht realisierbar ist. Wochenarbeitszeiten von über 50 Stunden erlauben nicht einmal Kurzreisen an den Wochenenden, um sich von der Arbeit zu erholen.[95] Erst mit der zunehmenden Gewährung bezahlter Urlaubstage, „die meist über gewerkschaftliche Aktionen erkämpft und in Tarifverträgen festgeschrieben wurden, [kann] eine wesentliche Voraussetzung für die Entwicklung eines Reisemarktes erreicht werden."[96]

Im 19. Jahrhundert setzt dann eine Reisewelle ein und in England werden in den 1840er Jahren in Thomas Cooks neu eröffneten Reisebüros die ersten Pauschalreisen organisiert.[97] In Deutschland erfolgt dieser Schritt im Jahr 1863 in Berlin durch Louis Stangen.[98] Für veränderte Lebensbedingungen sorgt die fortschreitende Industrialisierung

---

[90] Frank (2011), S. 64.
[91] Frank (2011), S. 64.
[92] Märker, Peter; Wagner, Monika: Bildungsreise und Reisebild. Einführende Bemerkungen zum Verhältnis von Reisen und Sehen. In: Dies.; Bopp, Petra (Hg.): Mit dem Auge des Touristen. Zur Geschichte des Reisebildes. Tübingen 1981, S. 7-18, hier: S. 7.
[93] Frank (2011), S. 67.
[94] Frank (2011), S. 75.
[95] Vgl. Mundt (2006), S. 38.
[96] Mundt (2006), S. 38f.
[97] Vgl. Märker; Wagner (1981), S. 11.
[98] Vgl. Ebd. S. 11.

und lässt Reisen somit „zum zentralen Mittel des Ausbruchs aus den schlechten Lebensverhältnissen der Städte werden."[99] Leisten können sich das bis dato aber nur wenige Menschen, denn für die arbeitende Bevölkerung ist Reisen immer noch unerschwinglich und ein Privileg der Reichen.

Als Entstehungsbedingungen für den Tourismus als Massenphänomen ab dem 20. Jahrhundert werden „Industrialisierung, Modernisierung und Urbanisierung"[100] gesehen. Sie gelten als Wegbereiter der Reiseindustrie und führten im gleichen Schritt zur Entdeckung des Erholungsbedürfnisses der Menschen: „Der Aspekt der Flucht aus einer industrialisierten, modernisierten Welt in eine als natürlicher und ursprünglicher erlebte Welt ist der Reise bis heute erhalten geblieben."[101] Der Begriff *Masse* im Tourismuskontext entwickelte sich um 1900, wo ein starker Anstieg von Besuchern in Tourismusorten wie zum Beispiel Baden-Baden oder an Wintersportplätzen verzeichnet werden konnte.[102] So stieg die Zahl der Touristen zwischen 1900 und 1910 von 2000 auf 11 000 Urlauber.[103]

Zentrale Voraussetzungen für Urlaubsreisen sind Freizeit und Kapital. Nach dem Zweiten Weltkrieg ist der Anteil an Freizeit stark gestiegen und dank sozialer Gegebenheiten wie bezahlter Urlaub oder der Anstieg der Lebenserwartung, gehören Urlaubsreisen seit den 90er Jahren des 20. Jahrhunderts zu einem modernen Lebensstil dazu.[104] Billigfluglinien und immer günstigere Pauschalangebote verstärken dieses Phänomen noch.

Zwischen den Jahren 1987 und 1994 ist die Reiseintensität der Deutschen jedes Jahr kontinuierlich gestiegen. So machten im Jahr 1994 fast 80% der Deutschen eine Urlaubsreise mit einer Dauer von mindestens fünf Tagen. Die jährliche Reise ist demnach zu einer „sozialen Selbstverständlichkeit"[105] geworden. Mit der Entwicklung des Tourismus entwickelt sich auch die negative Konnotation mit dem Begriff des Touristen im Gegensatz zum Reisenden.[106] Das Schwinden der wahren Werte des Reisens wie Aus- und Weiterbildung hin zu Urlaub als Konsumgut und ein Verfall der Reisekultur gehen

---

[99] Frank (2011), S. 76.
[100] Frank (2011), S. 76.
[101] Ebd., S. 76.
[102] Bausinger, Hermann: Bürgerliches Massenreisen um die Jahrhundertwende. In: Gyr, Ueli (Hg.): Soll und Haben. Alltag und Lebensformen bürgerlicher Kultur. Festgabe für Paul Hugger zum 65. Geburtstag. Zürich 1995, S. 131-147, hier: S. 138.
[103] Vgl. Bausinger (1995), S. 135.
[104] Vgl. Frank (2011), S. 76.
[105] Mundt (2006), S. 46.
[106] Vgl. Frank (2011), S. 76.

damit einher, sollen aber im Zuge dieser Untersuchung nicht näher erläutert werden, da sie für die Beantwortung der Forschungsfrage irrelevant sind.

Seit dem 20. Jahrhundert ist es möglich, Reisen nicht mehr nur anhand geographischer Mobilität zu erleben. Auch im medialen und virtuellen Raum nehmen sie ihren Platz ein.[107] Besonders seit dem Beginn des 21. Jahrhunderts und der fortschreitenden Entwicklung von Internet und Social Media Angeboten, ist es kein Problem mehr, die Fremde von zu Hause aus hautnah zu erleben.

Im weiteren Verlauf des Buches wird nun die kulturelle Bedeutung von Reisen skizziert. Das Erleben der Fremde im virtuellen und medialen Raum soll im empirischen Teil in Kapitel 5 hinterfragt werden.

2.2. Die kulturelle Bedeutung des Reisens

Durch den Wandel von Lebensbedingungen seit dem 20. Jahrhundert ist Reisen zu einem alltäglichen Erlebnis geworden. Eine der zentralsten Fragen von Tourismus-Forschern ist, neben der Frage nach Reisebedingungen, die nach den Motiven des Reisens, so Sozialwissenschaftler und Reiseleiter Christoph Hennig.[108] Diese Frage hat viele Antworten gefunden, wie die Suche nach Authentizität, Sehnsucht nach der Fremde, Erholung und die Weiterentwicklung der Persönlichkeit.[109] Die größte Popularität erfährt jedoch die *Flucht-These*, die besagt, dass Reisen eine Flucht vor den Belastungen der Industriegesellschaft sei: „Das moderne Reisen [ist] ein Ausweichen in ein fiktives Glück; es [liefert] eine Scheinlösung für die Probleme des Alltags."[110] Allerdings zeigt sich, dass diese Annahme mit sozio-historischen Fakten nicht übereinstimmt, da seit jeher die Leute reisen, die zur Flucht am wenigsten Anlass haben. Zuerst waren es Aristokraten, die ein angenehmes Leben führten und auch heute reisen überwiegend wohlhabende Menschen „mit behaglichen Eigenheimen und angenehmen Arbeitsverhältnissen."[111] Reisen dienen also weniger der Flucht, als der Bereicherung eines ohnehin schon guten Lebensstandards. Hennig postuliert, dass das Lebensgefühl vieler Menschen in den Ferien steige, ebenso wie die Lebensintensität. Weitere Komponenten bilden Freiheit und Genuss.[112]

---

[107] Vgl. Frank (2011), S. 76.
[108] Vgl. Hennig, Christoph: Reiselust. Touristen, Tourismus und Urlaubskultur, Frankfurt am Main/Leipzig 1997, S. 72.
[109] Vgl. Mundt (2006), S. 116ff.
[110] Hennig (1997), S. 72.
[111] Hennig (1997), S. 72f.
[112] Vgl. Hennig (1997), S. 72.

Eine Reise definiert sich dabei als „Kontrastbegriff und Alternative zum Alltäglichen und Gewohnten"[113], so Kulturanthropologin Theresa Frank. Sie sieht den „Wunsch nach Perspektivenwechsel und Horizonterweiterung"[114] als eines der zentralen Motive von Reisenden und Touristen. Weiterhin attestiert sie reiseerfahrenen Menschen Qualitäten wie

„Weltoffenheit, internationale Kompetenzen und kulturelles Know-how [...]. Die Fähigkeit vom eigenen kulturellen Background zu abstrahieren, sich auf fremde Lebenswelten einzulassen und Sensibilität für kulturelle Unterschiede zu entwickeln, wird mittlerweile in den unterschiedlichsten Zusammenhängen als essentielles Kapital gehandelt, das offenbar nicht mehr nur eingeweihten Profis wie etwa Ethnologen vorbehalten wird."[115]

Frank bezeichnet Reisen als essenziell für den Fortschritt und die Weiterentwicklung von Kultur:

„Ohne Bewegung und Grenzüberschreitung, ohne Austausch mit Außenstehenden, ohne Impulse, die sich aus den Kontakten mit anderen Lebenswelten entwickeln, ohne zeitweiliges Verlassen des gewohnten Horizontes und verändertes Wiederkehren, würde die menschliche Kultur stagnieren."[116]

Auch der Literaturwissenschaftler Peter J. Brenner formuliert diesen Aspekt: „Das Reisen ist seit je eine treibende Kraft zivilisatorischer Entwicklung gewesen oder wurde wenigstens gerne so verstanden."[117]

Reisen und das Sammeln von interkultureller Erfahrung dienen der Erholung, der Anregung und Bereicherung des Geistes und dem Ausbau interkultureller Kompetenzen und formen somit ein neues Gefühl für die eigene Kultur. Reisen ist folglich der Schlüssel zu einem aufgeklärten Geist und Weltoffenheit, frei nach dem Theologen und Philosophen Aurelius Augustinus: „Die Welt ist ein Buch. Wer nie reist, sieht nur eine Seite davon."[118] Reisen lassen den Reisenden seinen Alltag durch einen zeitlich begrenzten Austritt aus ihm reflektieren und neu bewerten.

---

[113] Frank (2011), S. 29.
[114] Frank (2011), S. 16.
[115] Frank (2011), S. 16f.
[116] Frank (2011), S. 11.
[117] Brenner, Peter J.: Der Mythos des Reisens. Idee und Wirklichkeit der europäischen Reisekultur in der Frühen Neuzeit. In: Maurer, Michael (Hg.): Neue Impulse der Reiseforschung. Berlin 1999, S. 13-61, hier: S. 13.
[118] http://www.zitate-online.de/literaturzitate/allgemein/212/die-welt-ist-ein-buch-wer-nie-reist-sieht.html Stand: 03.01.2012.

3. Instrumente der Berichterstattung

3.1 Fotografie

Lichtzeichnung oder *Lichtbild* bedeutet das aus dem Griechischen stammende Wort *Fotografie*.[119] Das Abbild des Menschen im Wasser oder auf einer glänzenden Oberfläche, ist seit jeher ein Motiv in Märchen, Sagen und Werken der Dichtung und tritt „immer wieder als ein von Zauberei, Symbolik und Geheimnis umgebenes Phänomen auf."[120] Im Jahr 1839 gelang es zum ersten Mal, ein „durch Lichtreflexion erzeugte[s] Abbild der Natur in einem exakten Bild festzuhalten."[121] Geforscht wurde in der Optik jedoch bereits Jahrtausende zuvor und es lagen schon weit vor 1839 Erkenntnisse über „licht-empfindliche Stoffe"[122] vor. Dem Maler Louis Daguerre gelang es als erstem, das Bild einer *Camera obscura*[123] zu konservieren. Dieses Verfahren war unter dem Namen *Daguerreotypie* bald weit verbreitet. Allerdings handelte es sich bei den Fotos noch um seitenverkehrte Unikate.[124] In den folgenden Jahren nach der Entdeckung der Fotografie zielten alle weiteren Entwicklungen darauf ab, Apparate, Optik und Handhabung zu verbessern. Bis zur entscheidenden Erfindung dauerte es bis 1880, als es möglich wur-de, Papierbilder auf Rollfilmbasis zu entwickeln. Diese Filme wurden letztendlich zum ersten massentauglichen Produkt der Fotoindustrie und sind mit dem Markennamen Kodak bis heute bekannt.[125] Für jedermann zugänglich und vor allem erschwinglich wurden Fotos schließlich durch eine Preissenkung, die „eine Folge der zunehmenden Vereinfachung der Herstellungstechnik und des Wandels der Fotoformate [war]."[126]

Die Entwicklung der Fotografie hin zum Massenmedium war dem Zeitgeist der Gesell-schaft geschuldet, die nach Fortschritt und Technologisierung strebte und sich nicht mehr mit den subjektiv verzerrten Zeichnungen und Malereien zufrieden geben wollte. Die Möglichkeit, die Umwelt nun technisch festhalten zu können, verringerte diese Verzerrungen.[127] Die zunehmende Schnelllebigkeit, die durch die Industrialisierung in den Alltag der Menschen kam, sollte durch die Möglichkeit den Augenblick auf einem

---

[119] Vgl. Haberkorn, Heinz: Anfänge der Fotografie. Entstehungsbedingungen eines neuen Mediums. Rein-bek b. Hamburg 1981, S. 9.
[120] Haberkorn (1981), S. 9.
[121] Ebd., S. 9.
[122] Ebd., S. 9.
[123] Eine Camera obscura ist ein innen geschwärzter Kasten, auf dessen transparenter Rückwand ein auf der Vorderseite befindliches Loch oder eine Sammellinse ein (auf dem Kopf stehendes, seitenverkehrtes) Bild erzeugt. Siehe: http://www.duden.de/rechtschreibung/Camera_obscura Stand: 15.11.2012.
[124] Vgl. Walter (1995), S. 15.
[125] Vgl. Ziehe, Irene: Fotografieren. Bewahren. Erinnern. Zum Phänomen des "Knipsens". In: Karasek, Eri-ka u.a. (Hg.): Faszination Bild. Kulturkontakte in Europa. Berlin 1999, S. 97-113, hier: S. 98.
[126] Walter (1995), S. 16.
[127] Ziehe (1999), S. 98.

Foto festzuhalten, ignoriert werden.[128] Wesentlich für den Bereich der Amateur-Fotografie wurde die Entwicklung von serienmäßigen Kleinbildkameras ab dem Jahre 1925, die zu einem besonderen Instruments des Sehens und Erfassens wurde.[129] Ab den 1930er Jahren kann von einer Popularität der Hobbyfotografie gesprochen werden. Der Prozess der Fotoherstellung gerät dank der simpel zu bedienenden Kamera mit kurzer Belichtungszeit in den Hintergrund und der Benutzer ist, frei nach dem damaligen Kodak-Slogan „You press the button, we do the rest", nur noch am fertigen Bild, nicht am technischen Vorgang interessiert.[130]

Für die meinungsbildenden Massenmedien und die Werbung ist „das fotografische Bild das effektivste Mittel zur Information über Politik, Wirtschaft, Kultur, Wissenschaft etc. und damit zur Schaffung von Leitbildern, Wert- und Wunschvorstellungen geworden."[131] Eine Bildermasse überflutet täglich Augen und Gehirn und lädt zum Selektieren und Filtern ein, denn „visuelle Informationen können eine Schnelligkeit und Informationsdichte beanspruchen"[132], die durch Worte nicht erreicht werden können. Bilder entwickeln eine „spezifische Dynamik des Erkennens und Erinnerns [und] sagen mehr als tausend Worte."[133] Sie wirken „schneller als Worte, sind viel emotionaler und konkreter"[134], sie wecken „unbewusste Sehnsüchte oder Lust."[135] Fotos sind aus dem Alltag seit Jahrzehnten nicht mehr wegzudenken. Sie halten Anlässe, Personen, Feste, besondere Momente und Ereignisse oder eben Urlaube fest und dienen als Zeugnis des abgelichteten Moments: „Photographie [sic] zu lesen, bedeutet Kultur lesbar zu machen und ein jedes Bild als Beweisstück im historischen Prozeß [sic] deutbar zu machen"[136], so Literaturwissenschaftler Bernd Stiegler in Anlehnung an den Philosophen Walter Benjamin über das Fotos als kulturelles Erinnerungsobjekt.

Maßgebend für die Bilderflut ist der Vormarsch digitaler Kameras beziehungsweise der Digitalfotografie. Der Unterschied zwischen analoger und digitaler Technologie liegt in ihrer Zusammensetzung. Digitale Technologien verwenden „diskrete Werte, voneinan-

[128] Vgl. Ziehe (1999), S. 99.
[129] Vgl. Ziehe (1999), S. 100f.
[130] Vgl. Ziehe (1999), S. 101.
[131] Haberkorn (1981), S. 10.
[132] Bruhn, Matthias: Das Bild. Theorie – Geschichte – Praxis. Berlin 2009, S. 17.
[133] Ebd., S. 17.
[134] Boehme-Neßler, Volker: BilderRecht. Die Macht der Bilder und die Ohnmacht des Rechts. Wie die Dominanz der Bilder im Alltag das Recht verändert. Berlin/Heidelberg 2010, S. 1 des Vorworts.
[135] Hoffmann, Detlef: Studium und puntum, erneut beleuchtet. In: Sykora, Katharina; Leibbrandt, Anna (Hg.): Roland Barthes Revisited. 30 Jahre Die Helle Kammer. Köln 2012, S. 17-30, hier: S. 25.
[136] Stiegler, Bernd: Walter Benjamins Photoalbum oder das Lesen von Photographien als Kulturtechnik. München 2009, S. 199.

der unterscheidbare Elemente, aus denen das Bild, der Song und jede andere Nachricht zusammengesetzt wird.“[137] Es werden nur zwei Grundelemente (0 und 1) verwendet, um digitale Werte darzustellen. Aus diesem sogenannten Binärcode bestehen alle digitalen Werte.[138] Analoge Technologie hingegen verwendet „kontinuierliche Phänomene […], die nicht aus kleinsten Elementen zusammengesetzt sind, also grundsätzlich Wellen.“[139] Die erste Digitalkamera, die massentauglich war, erschien im Jahr 1994 und seitdem ging die Entwicklung rasant, wenn man die lange Zeit betrachtet, die die Fotografie brauchte, um sich generell zu etablieren.[140] 99 Prozent aller verkauften Kameras sind mittlerweile digital,[141] analoge Kameras werden nicht mehr produziert und nur noch wenige Firmen stellen überhaupt Filme her.[142] Die Vorteile der Digitalität liegen auf der Hand. Die Qualität übertrifft analoge Fotos, digitale Fotografie ist kostengünstiger in der Entwicklung der Bilder, der Fotografierende bekommt eine sofortige Rückmeldung auf dem Display der Kamera und das Retuschieren digitaler Fotos ist auch für Laien am Computer problemlos möglich.[143] Auch können durch die Einfachheit und die geringen Kosten unzählige Bilder geschossen werden. Dadurch, dass die Fotos digital auf dem Computer abgespeichert sind, können sie jederzeit an Freunde versendet werden oder eben in sozialen Netzwerken präsentiert werden. Allerdings birgt diese Art der Fotografie nicht nur Vorteile.[144] So haben digitale Bilder keine stabile Substanz „jenseits ihres reproduzierbaren binären Codes. Ihr Aussehen auf dem Display hängt ab von Zoomeinstellungen, Monitor-Farbkalibrierungen usw. […].“[145] Auch ist die Dauerhaftigkeit des Datenträgers entscheidender Faktor bei der Speicherung digitaler Fotos.[146] In diesem Zusammenhang kann von einer „Abhängigkeit der Kommunikationsinstrumente von ihrer technologischen Materialisierung“[147] gesprochen werden, so der Kommunikations- und Medienwissenschaftler Martin Zierold.

---

[137] Humer, Stephan: Digitale Identitäten. Der Kern digitalen Handelns im Spannungsfeld von Imagination und Realität. Winnenden 2008, S. 26.
[138] Vgl. Humer (2008), S. 26.
[139] Humer (2008), S. 25.
[140] Vgl. Pogues, David: David Pogues Digitale Fotografie. Das fehlende Handbuch. Köln 2009, S. 1.
[141] Stand nach Pogues im Jahr 2009.
[142] Vgl. Pogues (2009), S. 1.
[143] Vgl. Pogues (2009), S. 1f.
[144] Die Nachteile werden im empirischen Teil dieser Studie thematisiert.
[145] Zierold, Martin: Gesellschaftliche Erinnerung. Eine medienkulturwissenschaftliche Perspektive. Berlin 2006, S. 167.
[146] Zierold (2006), S. 170.
[147] Zierold (2006), S. 167.

3.2 Urlaubsfotografie – zum Phänomen des *Knipsens*

Im Fokus dieser Studie soll nicht die professionelle oder künstlerische Fotografie, sondern die Urlaubsfotografie stehen, die sich meist auf sogenannte *Knipserbilder* [148] beschränkt. Zwar kann auch Urlaubsfotografie professionelle oder künstlerische Elemente beinhalten, der Zweck dieser Bilder geht aber darüber hinaus. Der französische Soziologe Pierre Bourdieu schenkte der Knipserfotografie erstmals 1965 in seinem Werk *Un Art moyen. Essais sur les usages sociaux de la photographie* Aufmerksamkeit. Im Fokus dieser soziologischen Studie steht die Amateur- und Laienfotografie, die Bourdieu im Fokus der Familie verortet. Nicht das Interesse an der Fotografie steht dabei im Vordergrund, sondern das Stützen der Institution Familie durch das Festhalten von bedeutenden und freudigen Ereignissen. Fotos dienen dabei als visuelle Chroniken. [149]

Timm Starl hat den Begriff des *Knipsers* durch seine Ausstellung im Münchener Stadtmuseum 1995/96 verbreitet und etabliert. [150] Der Begriff des Knipsens bezieht sich auf das Geräusch beim Auslösen der Kamera. [151] Nicht nur Familien-, sondern auch Urlaubsfotos sind beliebte Motive von Knipsern. Knipser fotografieren, „um bildliche Erinnerungen aufzubewahren." [152] Ihre Motivation ist daher in einen privaten Kontext einzuordnen. Knipser verfügen laut den Pädagoginnen Ulrike Pilarczyk und Ulrike Mietzner über kaum fotografische Kenntnisse und verlassen sich auf die Automatik ihrer Kameras. Auch Irene Ziehe formuliert den gleichen Aspekt: „Für den Knipser spielt die Bildästhetik keine Rolle, stattdessen stellt der Erinnerungswert das entscheidende Kriterium dar." [153]

Darüber hinaus gibt es aber auch ambitionierte Amateure, deren Interessen nicht nur privater Natur sind. Knipser fotografieren aus privaten Gründen und wollen sich später an besondere Ereignisse erinnern – sie wollen aber kein fotografisches Anliegen vermitteln. [154] Im Gegensatz zu den Knipsern fotografieren ambitionierte Amateurfotografen hingegen nicht nur für sich selbst, sondern möchten ihre Fotos auch veröffentlichen:

---

[148] Ethnologin Irene Ziehe nutzt diesen Begriff in: Dies. (1999), S. 97-113.
[149] Zitiert nach Kneissl, Daniela: Per Auslöser nach Europa: Amateurfotowettbewerbe als Orte der Europäisierung. In: Daniela Kneissl (Hg.): Fotografie als Quelle der Zeitgeschichte: Kategorien, Schauplätze, Akteure: La photographie comme source de l'Histoire contemporaine: Catégories, lieux, acteurs. München 2010, S. 15- 34, hier: S.15.
[150] Vgl. Ziehe (1999), S. 97.
[151] Starl, Timm: Knipser. Die Bildgeschichte der privaten Fotografie in Deutschland und Österreich von 1880 bis 1980. München/Berlin 1985, S. 14.
[152] Starl (1985), S. 18.
[153] Vgl. Ziehe (1999), S. 101.
[154] Vgl. Pilarczyk, Ulrike; Mietzner, Ulrike: Das reflektierte Bild. Die seriell-ikonografische Fotoanalyse in den Erziehungs- und Sozialwissenschaften. Bad Heilbrunn 2005, S. 83.

„[Sie] fertigen ihre Bilder oft nicht nur zum unmittelbaren privaten Gebrauch, sondern diese richten sich häufig ebenso an andere."[155] Starl vermischt beide Begriffe, indem er Amateure, „die mit künstlerischen Ansprüchen auftreten, sich in Vereinen organisieren und an der Veröffentlichung ihrer Arbeiten interessiert sind"[156] auch zu Knipsern im weiteren Sinne zählt. Laut Starl erfolgt bei Knipsern das Betrachten der Aufnahmen häufig in Gesellschaft „und formt in gewissem Maße die Beziehungen der Personen untereinander."[157] So richtet sich das Verhalten vor der Kamera auch danach, „wie man sich darstellen und von anderen gesehen werden will."[158] Auch spricht Starl den kommunikativen Aspekt privater Fotografie an. So werden bei der gemeinsamen Durchsicht der Bilder Erinnerungen ausgetauscht und sich im Kreise der Familie oder unter Freunde über die gemeinsamen Erlebnisse auseinandergesetzt.[159] Der Aspekt der Privatheit muss insbesondere im Hinblick auf das Präsentieren privater Erinnerungsfotos auf der Internetplattform Facebook genauer beleuchtet werden, denn so bilden „Privatheit und Amateurfotografie in mehr als einer Hinsicht kein zwangsläufiges Paar."[160] Starl postuliert, dass im Rahmen der Knipserfotografie nicht wichtig ist, „was die Bilder zeigen und wie sie es tun und von wem sie stammen, sondern an welche Gegebenheiten sie erinnern."[161]

Kulturanthropologe und Volkskundler Burkhard Pöttler von der Universität Graz, attestiert Fotos in einem Beitrag zum Thema Souvenirs, „zweifellos eines der beliebtesten Reiseandenken"[162] zu sein. Die Urlaubsfotografie, die den größten Bereich der privaten Fotografie ausmacht, hat sich in den letzten Jahrzehnten stark gewandelt. Vom klassischen analogen Foto – erst in schwarz-weiß, dann in Farbe – hin zum digitalen Bild, das nicht mehr nur mit Spiegelreflexkameras oder digitalen Kameras, sondern auch mit Handykameras geschossen werden kann, haben sich die Möglichkeiten vervielfältigt. Für viele Reisende sind Fotos aus dem Urlaub fest mit der Reise verknüpft. Sie dienen – wieder angekommen im Alltag – als Andenken und können auch Jahre später immer noch betrachtet werden. Doch auch schon vor dem Zeitalter der Fotografie wurden Ur-

---

[155] Pilarczyk;Mietzner (2005), S. 84.
[156] Starl (1985), S. 12.
[157] Starl (1985), S. 22.
[158] Ebd., S. 22.
[159] Vgl. Starl (1985), S. 22.
[160] Kneissl (2010), S. 15- 34, hier: S.15.
[161] Starl (1985), S. 22.
[162] Pöttler, Burkhard: Der Urlaub im Wohnzimmer. Dinge als symbolische Repräsentation von Reisen – Reiseandenken und Souvenirs. In: Moser, Johannes; Seidl, Daniella (Hg.): Dinge auf Reisen. Materielle Kultur und Tourismus. Münchner Beiträge zur Volkskunde, Band 38. Münster 2009, S. 119 – 136, hier: S. 122.

laubserinnerungen festgehalten, im 16. Jahrhundert noch als Zeichnungen in Skizzenbüchern. Die Stadt Rom wurde beispielsweise tausendfach gezeichnet und ihr damaliges Stadtbild kann daher bis heute gut nachvollzogen werden.[163] Allerdings beschränkten sich diese Bilder aus der Ferne auf einen kleinen Rezipientenkreis oder auf die künstlerische Weiterverarbeitung. Meist waren die Käufer oder Auftraggeber für diese Bilder aristokratische Reisende, in Analogie zum damaligen Reiseverhalten. „Es gab zwar Pilger, Handwerksburschen, Bettler, usw., die in die Fremde ziehen mussten, doch waren die Bilder, die man von dort mitbringen konnte, nicht für sie gedacht."[164] Ab dem 18. Jahrhundert war es üblich, während der bereits in Kapitel 2.1 thematisierten Grand Tour von einem bildenden Künstler begleitet zu werden, der diese Reise auf Aquarellen festhielt. Durch das Festhalten bild- und erinnerungswürdiger Orte und Momente des Reiseverlaufs, „stellen sie Vorformen touristischer Sehweisen dar und prägen diese entscheidend mit."[165] Diese Reisen zum Ende des 18. und zu Beginn des 19. Jahrhunderts richteten sich „auf die optische Aneignung der Welt" und unterscheiden sich somit von den späteren Touristenreisen, in denen „das sportive Moment, etwa Baden im Meer oder Bergsteigen, in den Vordergrund tritt."[166] Erst im 20. Jahrhundert wird die touristische Erholungsreise, „die vor allem der Regeneration der Arbeitskraft dient"[167], zur wichtigsten Reiseart.

Parallel zur Entwicklung der Erholungsreise entwickelte sich auch die Fototechnik und für private Reisende wurde es möglich und zudem immer erschwinglicher, in Urlauben selbst Fotos zu machen. „So wurde das private Fotografieren seit den 1930er Jahren populär und seit den 1950er Jahren zur Massenkultur."[168] Entwicklungen im Tourismus sind eng mit Entwicklungen in der Fotografie verbunden und so gehören seit den 1950er Jahren Fotoapparate in jedes Reisegepäck. „Das touristische Foto dient dem Urlauber als Vehikel seiner Erinnerung, wird schließlich gar zum allein erinnerten Bild vom Urlaub"[169], so Ethnologin Irene Ziehe. Volkskundler Helge Gerndt bezeichnet private Fotos als „Katalysatoren der Erinnerungsarbeit."[170] Urlaubsfotos werden unter dokumenta-

---

[163] Vgl. Märker; Wagner (1981), S. 7.
[164] Märker; Wagner (1981), S. 7.
[165] Märker; Wagner (1981), S. 8.
[166] Ebd., S. 8.
[167] Ebd., S. 8.
[168] Ziehe (1999), S. 97.
[169] Ziehe (1999), S. 105.
[170] Gerndt, Helge: Begrüßung und Einleitung. In: Ders., Böhnisch-Brednich, Brigitte; Brednich, Rolf W. (Hg.): Erinnern und Vergessen. Vorträge des 27. Deutschen Volkskundekongresses Göttingen 1989. Göttingen 1991, S. 13-17, hier: S. 16.

rischen Aspekten geschossen. Route, Ziele, Unterkünfte, Speisen, Miturlauber und die schönsten Momente sollen festgehalten werden. Motivation dafür ist der Aspekt, „ein persönliches und individuelles Souvenir von der Reise mitbringen zu können."[171] Ob das Motiv gut getroffen ist, spielt dabei eher eine untergeordnete Rolle. Wichtig für den Reisenden ist es, die durch Medien bekannte Ansicht selbst aufzunehmen, um durch die Fotos belegen zu können selber dort gewesen zu sein:

> „Der heutige Globetrotter begnügt sich nicht damit, den wirklichen Eiffelturm zu besichtigen. Er fühlt sich erst wohl, wenn er ihn genau so fotografiert hat, wie er ihn von Bildern her kennt. Noch besser ist es natürlich, wenn jemand ihn selbst vor dem Turm fotografiert. Zu Hause bestätigt ihm dieses Foto dann seine Identität innerhalb der dargestellten Szene."[172]

Die Fotos fügen sich in die persönliche Biografie des Urlaubers ein und werden als Dokumente ein Bestandteil dieser.[173] Dadurch gelangen sie zu Bedeutung. Werden die Aufnahmen nach Ende des Urlaubs beschriftet oder mit kleinen Texten versehen, so spiegeln sie die Reise wie ein Tagebuch wider.[174] Der touristische Blick ist stets durch Reiseprospekte, das Internet und sonstige Medien vorbelastet, die symbolische Bilder des Urlaubsortes zeigen und so eine Erwartung im Kopf des Reisenden evozieren. Dieser vorstrukturierte Blick des Reisenden wird auch als *gaze* bezeichnet, der auf einer Vielzahl von *imageries* basiert, die durch populäre Medien verbreitet werden.[175]

Soziologin Christiane Schurian-Bremecker vergleicht in einem Aufsatz zum Thema *Fotografieren als touristische Verhaltensweise* das Knipsen von Urlaubsfotos mit der Jagd. Der Titel des Aufsatzes lautet *Anpirschen, beobachten, abwarten, schießen* und genau so beschreibt sie das Fotografieren auf Reisen.[176] Das Motiv wird ausgesucht, beäugt und im besten Moment fotografiert. Die Jagdwaffe ist dabei nicht das Gewehr, sondern die Kamera. Für Schurian-Bremecker hält ein Tourist in der Urlaubsfotografie seine eigene Wirklichkeit fest, denn „Tourismus entfaltet sich im Spannungsfeld von kulturell vermittelten Phantasien und realer Ortsveränderung."[177] Die reale Ortsveränderung passiert dabei durch die tatsächlichen Aktivitäten im Urlaub, die Phantasien beruhen auf

[171] Ziehe (1999), S. 105.
[172] Carpenter, Edmund: Sinnes Täuschung. Wie Medien unsere Wahrnehmung verändern. München 1994, S. 15.
[173] Ziehe (1999), S. 105.
[174] Ziehe (1999), S. 105f.
[175] Vgl. Frank (2011), S. 79.
[176] Vgl. Schurian-Bremecker, Christiane: Anpirschen, beobachten, abwarten, schießen. Fotografie als touristische Verhaltensweise. In: Köck, Christoph (Hg.) Reisebilder. Produktion und Reproduktion touristischer Wahrnehmung. Münster/New York/München/Berlin 2001, S. 199-208, hier: S. 200f.
[177] Schurian-Bremecker (2001), S. 204.

von Medien vermittelten Bildern. Durch das reale Erleben der Phantasie bekommt der Urlauber seinen eigenen Eindruck von Orten, die er mithilfe seiner Kamera festhält. Reisende fotografieren häufig Sehenswürdigkeiten, die in Reiseführern erwähnt werden, das Typische eines Landes, Landschaftsaufnahmen und Einheimische.[178] Auch Schurian-Bremecker erklärt die persönliche Präsenz auf Urlaubsfotos als Beweis dafür, vor Ort gewesen zu sein.[179] Durch das Festhalten besonderer oder einmaliger Situationen können diese auf Ewig verlängert werden, da sie jederzeit „reproduzierbar"[180] sind. Ein Foto nimmt also diese Situationen mit in den Alltag hinein und verlängert so die Erfahrung der Reise.[181] Fotos machen die Reise erst „beweisbar und verfügbar."[182] Der Historiker Cord Pagenstecher präzisiert die Kategorien der Fotos, die in Urlauben geschossen werden, noch etwas mehr. In einem Aufsatz zum Thema Fotoalben postuliert er, dass Reisende in ihre Alben immer ähnliche Bilder kleben. Das Thema Fotoalben geht zwar schon einen Schritt weiter, indem es die Archivierung von Bildern betrifft, aber auch der Sortierung von Fotos geht das Knipsen der Bilder zuvor. Pagenstecher nennt folgende Bildsorten, die häufig zu finden sind, nämlich „kanonisierte Muster", „besondere Ereignisse", „alltägliche Abläufe" und „symbolische Resümees".[183] Kanonisierte Muster beschreiben dabei das Nachfotografieren von Sehenswürdigkeiten und aus diversen Medien oder Reiseführern bereits bekannten Bilder, um ein eigenes Bild des Ortes zu haben. Fotos der Kategorie „besondere Ereignisse" halten dabei spezielle faszinierende, skurrile, außergewöhnliche oder auch bedrückende Momente fest, die nicht immer positiver Natur sein müssen. Alltägliche Abläufe bedeuten regelmäßig wiederkehrende Situationen im Urlaub, die zwar anders sind als der Alltag außerhalb des Urlaubs, den Urlaub aber trotzdem strukturieren.[184] Damit können Bilder von Hotels, vom Essen, von der Reiseroute oder vom täglichen Gang an den Strand gemeint sein. Diese Alltagsbilder verdeutlichen, wie wichtig die eigene gelebte Erfahrung der Orte, abseits von touristisch und medial vorgegebenen Bildern ist. Ein symbolisches Resümee können Bilder

---

[178] Schurian-Bremecker (2001), S. 204f.
[179] Schurian-Bremecker (2001), S. 205.
[180] Schurian-Bremecker (2001), S. 202.
[181] Vgl. Hennig (1997), S. 97.
[182] Fendl, Elisabeth; Löffler, Klara: Die Reise im Zeitalter ihrer technischen Reproduzierbarkeit: zum Beispiel Diaabend. In: Cantauw, Christiane (Hg.): Arbeit Freizeit Reisen. Die feinen Unterschiede im Alltag. Münster 1995, S. 55-68, hier: S. 56.
[183] Pagenstecher, Cord: Zwischen Tourismuswerbung und Autobiographie. Erzählstrukturen in Urlaubsalben. In: Spode, Hasso; Ziehe, Irene (Hg.): Gebuchte Gefühle. Tourismus zwischen Verortung und Entgrenzung. (Voyage. Jahrbuch für Reise- & Tourismusforschung, Bd. 7), München/Wien 2005, S. 82 – 91, hier: S. 86.
[184] Vgl. Pagenstecher (2005), S. 88.

vom Bahnhof bei An- oder Abreise, Luftaufnahmen aus dem Flugzeug, oder Fotos aus dem Auto sein, die zu Beginn und am Ende einer Reise aufgenommen werden. Diese dienen als Übergangsritual und verdeutlichen den Austritt aus dem Alltag und am Ende der Reise den Wiedereintritt.[185]

Fotos bilden den touristischen Blick eines jeden Reisenden und prägen somit nicht nur Sicht- sondern auch Verhaltens- und Erlebnisweisen.[186]

3.3 Postkarten

In diesem Kapitel soll die Geschichte der Postkarte und ihre Entwicklung seit dem 19. Jahrhundert bis ins 21. Jahrhundert thematisiert werden. Postkarten sind neben Fotos ein weiteres Instrument, aus dem Urlaub zu grüßen und von Urlauben zu berichten und sollen anhand der Interviews im empirischen Teil auf ihre Unterschiede im Vergleich zu Facebook als grußübermittelndes Medium untersucht werden.

Neben Kunstpostkarten, Benachrichtigungskarten, Teilnahmekarten und Gratis-Werbekarten, gibt es noch viele weitere Formen der Postkarte. Für diese Untersuchung soll allerdings nur eine Form relevant sein, nämlich die Ansichtskarte, die von Reisen verschickt wird.

Kultur- und Literaturwissenschaftlerin Anett Holzheid definiert die Postkarte in ihrer sprachwissenschaftlichen und mediengeschichtlichen Abhandlung folgendermaßen:

> „Unter *Postkarte* werden dabei zunächst alle Arten von Karten subsumiert, die folgende Merkmale vereinen: Ein hinsichtlich Größe und Papierstärke normierter Träger, der von der Post oder der Privatindustrie ausgegeben, der zum Zwecke der gerichteten Adressatenkommunikation mit einer offenen schriftlichen Mitteilung sowie der Zieladresse versehen werden kann und der unter Entrichtung einer Gebühr den standardisierten wie institutionalisierten postalischen Distributionsprozess durchläuft."[187]

Weiterhin wird die Ansichtskarte, die für diese Studie relevant ist, von der ursprünglichen Postkarte abgegrenzt:

> „Während postamtlich unter *Ansichtskarte* alle Karten subsumiert werden, die auf der Rückseite eine Abbildung enthalten, unterscheiden Nutzer alltagssprachlich mit dieser Dichotomie zwischen dem bildlosen von der Post angebotenen Träger und dem gewerblich erhältlichen Bildträger mit kultur-geografisch markierter Bildkomponente."[188]

Die Begriffe Ansichtskarte und Postkarte trennt Holzheid:

---

[185] Vgl. Pagenstecher (2005), S. 89.
[186] Vgl. Mundt (2006), S. 180.
[187] Holzheid, Anett: Das Medium Postkarte. Eine sprachwissenschaftliche und mediengeschichtliche Studie. Berlin 2011, S. 35.
[188] Holzheid (2011), S. 35.

„Weist ein Bildträger nicht das Merkmal ländlicher oder städtischer Artefakte auf, sondern zeigt primär belebte Wesen, technische Artefakte oder andere situativ geprägte Bildszenen, so wird für diese Bildpostkarten abermals die Bezeichnung *Postkarte, Motivpostkarte* oder wiederum bildspezifische *Genrekarte* bzw. *Gelegenheitskarte* verwendet, nun als Antonym zur *Ansichtskarte*."[189]

Auch wenn die Begriffe Post- und Ansichtskarte rein definitorisch andere Dinge bezeichnen, so hat sich der Begriff Postkarte als Überbegriff durchgesetzt.[190] Urlaubskarten jeglicher Art werden im Volksmund als Postkarten bezeichnet, auch wenn sie rein definitorisch Ansichtskarten heißen müssten. Der Begriff Postkarte wird in dieser Studie übergreifend für Ansichtskarte beziehungsweise Urlaubskarte verwendet und wird auch in den Interviews nicht weiter differenziert, da er allgemein geläufig ist.

Ursprünglich wurden Postkarten nur über die Medieninstitution Post vertrieben, die damals als „zeitgemäße Vereinfachung der schriftlichen Kommunikation"[191] beworben wurde. Sie sollte eine Kombination aus kostspieligem Telegramm und preisgünstigem Brief sein.[192] Großer Vorteil der Postkarte war die Zeitersparnis, die das Schreiben mit sich brachte. Es brauchte kein Briefpapier und keine Umschläge mehr, kurze Nachrichten konnten einfach auf die Rückseite der Karte geschrieben und verschickt werden. Das Medium Postkarte konnten bei einem damaligen Preis von einem halben Groschen somit alle sozialen Schichten nutzen.[193] Die Einführung der *Correspondenz*-Postkarte, wie sie zu Beginn hieß, erfolgt in Deutschland und Österreich zwischen 1865 und 1870 – in Deutschland um 1869 herum – und wurde bis zum Jahre 1874 in 20 weiteren europäischen Ländern verbreitet.[194] Seit 1872 wird das Medium in Deutschland nur noch Postkarte genannt und wurde seitdem als „Übertragungsmedium relativ kurzer Textbotschaften sowie als visuelles Kommunikations- und Speichermedium konventionalisiert."[195] Ein Faktor, der für den Erfolg der Postkarte mit verantwortlich war, ist, dass das Telefon bis dato noch nicht allgemein verfügbar war. Dadurch war die Postkarte der schnellste und unkomplizierteste Weg, um Nachrichten zu versenden. Die neu entstandene Mobilität, zum Beispiel durch die Eisenbahn, sorgte für ein verstärktes Bedürfnis an Korrespondenzmitteln. Die Kommunikation via Postkarte entsprach der immer

---

[189] Holzheid (2011), S. 35.
[190] Vgl. Walter (1995), S. 13.
[191] Holzheid (2011), S. 9.
[192] Vgl. Holzheid (2011), S. 9.
[193] Vgl. Willoughby (1993), S. 11ff.
[194] Vgl. Holzheid (2011), S. 10.
[195] Vgl. Ebd., S. 10.

knapper werdenden Zeit, die mit der Industrialisierung einherging.[196] Genau zu dieser Zeit voller technologischer Entwicklungen und gesellschaftlicher Wandlungen um die Jahrhundertwende, befand sich das „goldene Zeitalter" der Postkarten, die auch heute noch ein „Spiegelbild nahezu jeder Facette des damaligen Lebens"[197] liefern. Volkskundlerin Karin Walter bezeichnet die Postkarte als ein „Kind ihrer Zeit, die Funktion bestimmt die Form."[198]

Postkarten wurden zu einem bedeutsamen Medium der Jahrhundertwende, denn durch sie lernte die Öffentlichkeit Künstler, Politiker, Generale, Sportler und berühmte Werke zeitgenössischer Maler kennen, die durch Postkarten verbreitet wurden.[199] Wer jedoch genau die illustrierte Postkarte erfunden hat, ist ein Streitpunkt: „Eine endgültige Entscheidung wird es vermutlich nie geben, vor allem, weil amtliche Unterlagen fehlen."[200] In der Literatur werden unter anderem der französische Buch- und Schreibwarenhändler Leon Bésnardeau, der Züricher Verleger J.H. Locher und der Göttinger Verleger Heinrich Lange genannt.[201]

Postkarten sind Zeugnisse der Kultur und für die Zeiten vor der populären Fotografie absolut bedeutsam. Sie fungieren als Spiegel ihrer Zeit. Auch im modernen Kommunikationszeitalter von Internet, Web 2.0 und Social Media Angeboten sind Postkarten nach wie vor beliebt, gerade im Zusammenhang mit Reisen, aber auch dort finden Paradigmenwandel statt. Der Trend der *Electronic Cards* entwickelte sich parallel zum sich etablierenden World Wide Web. E-Cards werden „zunächst per Rechner erstellt und später klassisch postalisch zugestellt."[202] Möglich sind auch E-Cards, die per Rechner verschickt und am Rechner geöffnet werden. Das schnellste Kommunikationsmittel, wie noch um die Jahrhundertwende des 19. Jahrhunderts, ist die Postkarte schon seit Jahrzehnten nicht mehr, heutzutage stellt die Postkarte „funktional reduziert vorwiegend ein alternatives Kommunikationsformat für eine entschleunigte Bild-Textbotschaft"[203] dar. Verschickten im Mai 1993 Urlauber im Schnitt noch acht Postkarten von ihrer Reise,[204] so sank zwischen den Jahren 1997 und 2007 die Zahl der verschickten Postkarten um

---

[196] Vgl. Walter (1995), S. 15.
[197] Willoughby (1993), S. 13.
[198] Walter (1995), S. 15.
[199] Vgl. Willoughby (1993), S. 13.
[200] Leclerc, Herbert: Ansichten über Ansichtskarten. In: Archiv für deutsche Postgeschichte, Heft 2/1986, S. 5-65, hier: S. 5.
[201] Vgl. Walter (1995), S. 13f.
[202] Holzheid (2011), S. 23.
[203] Holzheid (2011), S. 15.
[204] Vgl. Fendl; Löffler (1995), S. 58.

75%.[205] Ein nostalgischer Charme ist aber trotz der abgenommenen Popularität geblieben. Die sich an der Schnittstelle von „linguistischer, kommunikationshistorischer und medienkultureller Perspektive"[206] befindliche Postkarte soll im Rahmen dieser Studie nur in Hinblick auf kulturelle Aspekte und die Möglichkeiten sie zu substituieren betrachtet werden. Sprachliche und historische Aspekte sind dabei für den Untersuchungsgegenstand der Urlaubsberichterstattung nicht relevant.

Die Themen Fotografie und Postkarte hängen eng zusammen, denn die Gestaltung der Karten ist „in der Hauptsache der Photographie zu verdanken, durch die Landschaften, Städte, Straßenzüge und einzelne Gebäude […] festgehalten [werden]."[207] Neben den Verlagen gaben in der Mitte des 20. Jahrhunderts Fotografen Postkarten heraus, die sie gestaltet haben. Diese Kombination aus Fotografie und Kommunikationsmittel sorgte dafür, dass Postkarten zu Sammelobjekten wurden und alte Exemplare noch heute existieren.[208] Sie dienen als Zeugnis ihrer Zeit und gestalten in Bezug auf das Reisen ebenso wie die Fotografie den touristischen Blick. Sie dienen zwar auch als Beweis, den man an die Zuhausegebliebenen verschickt, dass man tatsächlich an einem bestimmten Ort war, „in erster Linie präg[en] sie jedoch das Bild, das man sich anderswo von einer Stadt, einer Region oder einem Land macht."[209]

Bilder von Orten, insbesondere auf Postkarten, prägen die Sichtweise von Reisezielen schon lange, bevor man das Reiseziel zum ersten Mal mit eigenen Augen sieht:

> „Es liegt nahe, dass man auf seinen Reisen zuerst und oft ausschließlich diejenigen Orte besucht, die man ohnehin schon aus dem Reiseführer, von Bildbänden oder Bildpostkarten her kennt. Man möchte gerne in der Realität das sehen, was man schon hunderte von Malen auf Reproduktionen von Photographien gesehen hat. Erst dann hat man das Gefühl es richtig zu kennen."[210]

4. Präsentationsformen von Fotos

4.1 Fotoalben

Nicht nur die Fotografie, auch die Möglichkeiten zur Aufbewahrung von Fotos haben sich verändert. Ob in Boxen oder Schachteln, in Fotoalben, an der Wand, auf der Fest-

---

[205] http://www.nifab.de/2012/02/die-zahl-der-verschickten-postkarten-sinkt-rapide-online-postkarten-verschicken/ Stand: 16.01.2013.
[206] Holzheid (2011), S. 27.
[207] Pieske, Christa: Das A B C des Luxuspapiers: Herstellung, Verarbeitung und Gebrauch 1860-1930. Berlin 1983, S. 87.
[208] Vgl. Willoughby (1993), S. 10.
[209] Vgl. Mundt (2006), S. 180f.
[210] Mundt (2006), S. 181.

platte des Computers oder im Netz, heutzutage ist alles möglich. Noch vor einem Jahr-
zehnt wäre es undenkbar gewesen, private Fotos ins Internet zu stellen und dort mit anderen Usern zu teilen. Nachdem Fotografieren massentauglich wurde, war es üblich, die
entwickelten Bilder in Fotoalben einzukleben. Diese waren meist liebevoll gestaltet, mit
Texten und Beschriftungen ergänzt und sollten auf ewig die Erinnerungen an den schönen Urlaub oder die besondere Reise konservieren. Diese Bücher konnten aus dem
Schrank geholt werden, jederzeit durchgeblättert und Freunden und Familienmitgliedern
gezeigt werden. Fotoalben waren ein „Vorzeigestück, eine Art bereinigte Familienchro-
nik visuellen Zuschnitts"[211] und daher auch etwas sehr Persönliches. Schnappschüsse,
auch intimerer Art, und persönliche Bilddokumente erforderten in Alben Erklärungen,
um für fremde Betrachter sinnig gedeutet und verstanden werden zu können. Diese Erläuterungen von privaten Fotoalben „mündet zwangsläufig in ein Stück Lebensbericht
aus."[212]

Fotos, die nicht eingeklebt werden, werden häufig in Schuhkartons oder sonstigen
Schachteln aufbewahrt. Die Schachteln und Bilder können mit Daten und Orten beschriftet werden, um sich später wieder an die entsprechenden Situationen zu erinnern.
Bei zahlreichen ähnlichen Fotos, zum Beispiel von Strandmotiven, kann es sonst schon
mal schwierig werden, sich zu erinnern wo genau ein Motiv aufgenommen wurde. Auch
die Anzahl der Fotos, die mit den Jahren wächst und wächst, macht es irgendwann
schwierig, diese vernünftig einzusortieren: „Bei jeder Gelegenheit wird photographiert,
oft das Banalste, fast wahllos, immer mit dem Gedanken, aus den vielen Kopien dann
die besten Bilder auszuwählen, was schließlich doch nicht geschieht."[213] Durch die
Massen an Fotos lässt auch der Ansporn nach, Bilder konsequent in Alben zu kleben.
Immer häufiger werden sie in Schachteln verstaut oder auf Stapel gelegt,[214] Fotoalben
sind nicht mehr alleiniger Aufbewahrungsort von Bildern. Andere Mittel zur Archivierung, wie „Ordner mit Klarsichthüllen, Fotoschachteln, Schubkastenschränke, ausgetüf-
telte Diaschachteln und – schränke"[215] sind ebenfalls Möglichkeiten zur Verwahrung
von Fotos und bedeuten keinen Verzicht auf „Nacherleben durch Archivierung"[216], nur
weil auf Alben verzichtet wird.

---

[211] Hugger (1991), S. 240.
[212] Hugger (1991), S. 241.
[213] Hugger (1991), S. 242.
[214] Vgl. Hugger (1991), S. 242.
[215] Ziehe (1999), S. 109.
[216] Ebd., S. 109.

Mit der Digitalisierung der Fotografie hat endgültig eine teilweise unüberschaubare Menge an Fotos Einzug in viele Haushalte gehalten. Dank der großzügigen Speicherkarten können Hunderte von Bildern geschossen werden. Orte, um diese zu speichern, sind die Festplatten von Computern oder Laptops. Fotoalben sind daher nicht mehr nur materiell sondern können auch digital erstellt und präsentiert werden – sowohl persönlich als auch in sozialen Netzwerken. Prinzipiell kann für Fotoalben ebenso wie für einzelne Fotos gesagt werden, dass sie den Prozess des Erinnerns stützen und ein Teil der Erinnerungskultur sind.[217]

4.2 Der Diaabend

Wie sich aus den Antworten der vier befragten Personen ergibt, auf die in Kapitel 5.6 eingegangen wird, werden auch im 21. Jahrhundert noch Diaabende begangen, weshalb an dieser Stelle auf die Thematik kurz eingegangen werden soll. Der Begriff *Dia* ist dabei an dieser Stelle nicht mehr wörtlich zu nehmen, da die befragten Personen keine Dias mithilfe eines Diaprojektors zeigen, so wie es noch zum Ende des 20. Jahrhunderts üblich war. Vielmehr hat sich der Begriff Diaabend als Überbegriff für einen Abend mit Freunden oder Familienmitgliedern durchgesetzt, an dem Urlaubsfotos präsentiert werden – heutzutage meist per Computer. Die Mittel, mit denen Fotos gezeigt werden, haben sich also geändert, das Prinzip ist gleich geblieben. Auch der Duden definiert den Diaabend neben dem „abendlichen Beisammensein in privatem Rahmen, bei dem Dias gezeigt werden" einfach als „Lichtbilderabend".[218]

Diaabende sind häufig negativ konnotiert, so stehen sie im Sprachgebrauch als „in Langeweile starre verbrachte[r] Abend."[219] „Mit dem Begriff wird grundsätzlich das Altväterliche, ja Spießbürgerliche, das Altbekannte und Hausbackene, das Unzeitige und damit Unpassende herausgekehrt"[220], so die Volkskundlerinnen Elisabeth Fendl und Klara Löffler. Meist werden die Abende auf diese Weise nur aus der Sicht der Gäste, nicht aus der des Gastgebers beschrieben: „Die soziale Geste des Herzeigens wird als naiv, zuweilen als angeberisch unter Verdacht gestellt [...]."[221] Für die Gastgeber gilt durch die Reproduktionstechnik des Zeigens von Bildern, dass „die Reise erst [dadurch] als Wirklichkeit"[222] geschaffen wird. An einem Diaabend wird versucht, „die Reise für die Daheimgebliebenen

---

[217] Vgl. Hugger (1991), S. 241.
[218] http://www.duden.de/rechtschreibung/Diaabend Stand: 17.01.2013.
[219] Fendl; Löffler (1995), S. 57.
[220] Ebd., S. 57.
[221] Fendl; Löffler (1995), S. 57.
[222] Fendl; Löffler (1995), S. 56.

und vor den Daheimgebliebenen in Szene [zu] setzen."[223] Längst sind Vorführungen im Freundeskreis nicht mehr die einzige Möglichkeit Urlaubsfotos zu präsentieren. Schon 1980 konstatierte Roland Barthes die Tendenz der Öffentlichkeit im Privaten.[224] Der von Walter Benjamin eingeführte Begriff des „Ausstellungswertes"[225] bezieht sich auf den „spezifischen Gebrauchswert der Reise"[226], der durch die immer breiter werdende Öffentlichkeit steigt.

4.3 Facebook und das Web 2.0

Eine weitere Präsentationsplattform für Urlaubsfotos neben den klassischen Fotoalben und Diaabenden, ist das soziale Netzwerk Facebook geworden. Seit 2004 gibt es dieses Portal, das von dem amerikanischen Studenten Mark Zuckerberg gegründet wurde.[227] Nachdem die Nutzerzahlen seit der Gründung von Jahr zu Jahr stetig gestiegen sind, verkündete Zuckerberg auf seinem Facebook-Profil am 04. Oktober 2012, dass die Marke von einer Milliarde Nutzern weltweit geknackt wurde.[228] Alleine in Deutschland hatte das Portal im August 2012 24,7 Millionen Nutzer.[229] Über 600 Millionen User weltweit nutzen Facebook über mobile Endgeräte wie Smartphones[230] und 10.000 Websites integrieren Facebook täglich.[231] Weiterhin loggen sich 50% der Nutzer täglich auf Facebook ein, die Seite wird zwischen dem Aufstehen bis zum Zubettgehen im Schnitt von einem User 13 Mal täglich aufgerufen.[232] Jeder Nutzer hat im Durchschnitt 130 Kontakte und die Seite ist in über 70 Sprachen übersetzt und kann so Menschen weltweit vernetzen. Vier Milliarden Inhalte werden jeden Tag bei Facebook hochgeladen, alleine 1,75 Milliarden Fotos sind es jede Woche.[233] Im Durchschnitt ist jeder User mit

---

[223] Fendl; Löffler (1995), S. 60.
[224] Vgl. Barthes, Roland: Die helle Kammer. Bemerkungen zur Photographie. Übers. v. Dietrich Leube, 1. Auflage. Frankfurt am Main 1985, S. 109.
[225] Zitiert nach Fendl; Löffler (1995), S. 68.
[226] Fendl; Löffler (1995), S. 68.
[227] http://newsroom.fb.com/content/default.aspx?NewsAreaId=22 Stand: 01.11.2012.
[228] http://www.faz.net/aktuell/wirtschaft/soziales-netzwerk-facebook-hat-eine-milliarde-nutzer-11913558.html Stand: 17.10.2012.
[229] http://de.statista.com/statistik/daten/studie/70189/umfrage/nutzer-von-facebook-in-deutschland-seit-2009/ Stand: 17.10.2012.
[230] http://newsroom.fb.com/content/default.aspx?NewsAreaId=22 Stand: 01.11.2012.
[231] http://allfacebook.de/zahlen_fakten/infografik-facebook-2012-nutzerzahlen-fakten/ Stand: 01.11.2012.
[232] Coté, Mark; Pybus, Jennifer: Social Networks: Erziehung zur Immateriellen Arbeit 2.0. In: Leistert, Oliver; Röhle, Theo (Hg.): Generation Facebook. Über das Leben im Social Net. Bielefeld 2011, S. 51-74, hier S. 51.
[233] http://allfacebook.de/zahlen_fakten/infografik-facebook-2012-nutzerzahlen-fakten/ Stand: 01.11.2012.

80 Seiten, Gruppen oder Events verbunden.[234] Der weltweite Altersdurchschnitt aller Facebook-User betrug Ende 2011 29,4 Jahre.[235] Sinn und Zweck der Plattform ist die Vernetzung und Kommunikation mit anderen Facebook-Nutzern. War Facebook noch im Jahre 2006 ein unbeschriebenes Blatt, so ist es zum Medium einer ganzen Generation geworden.[236]

Nach der Registrierung bei Facebook müssen Nutzer ein persönliches Profil anlegen, auf dem sie Angaben zu ihrer Person, ihrer Universität oder Arbeit, ihren Hobbys und ihrem Beziehungsstatus machen können. Anschließend können Freunde, Kommilitonen und Familienmitglieder gesucht und durch das Verschicken und Bestätigen von Freundschaftseinladungen in das eigene Netzwerk aufgenommen werden. Ab diesem Zeitpunkt werden alle so auf der Plattform geschlossenen Kontakte als Freunde[237] bezeichnet. Die Freunde können in Listen eingeordnet werden, zum Beispiel sortiert nach engen Freunden, Arbeitskollegen oder Familienmitgliedern und es ist möglich, Beiträge anschließend nur mit bestimmten Listen zu teilen. Diese Funktion ist aber optional. Über private Nachrichten kann mit Freunden kommuniziert werden, ebenso besteht die Möglichkeit mit Freunden, die auch gerade eingeloggt sind zu chatten oder den anderen etwas an die sogenannte Chronik zu posten. Die Chronik ist nach dem Wunsch des Facebook-Gründers Mark Zuckerberg „eine Chronik des Lebens in digitaler Form, ein digitales Tagebuch vom Tag 1 eines Menschenlebens bis zum Jetzt."[238] In der Chronik – früher noch Pinnwand genannt[239] – können Ereignisse und natürlich Fotos veröffentlicht werden und Freunde können Links oder Mitteilungen posten. Diese sind dann für alle Freunde des Netzwerks einsehbar. Die Besonderheit der Chronik ist, dass alle Beiträge chronologisch geordnet sortiert werden und sie so einfacher wieder aufgerufen werden können. Auf der früheren Pinnwand sind alle Einträge mit der Zeit immer weiter nach unten gerutscht, es gab keine zeitlichen Kategorien. Mit der Chronik kann auf diese nun in einer Zeitleiste an der Seite des Nutzerprofils zugegriffen werden und es können

---

[234] http://allfacebook.de/zahlen_fakten/infografik-facebook-2012-nutzerzahlen-fakten/ Stand: 01.11.2012.
[235] http://www.socialmediaschweiz.ch/html/infografik.html Stand: 12.12.2012.
[236] Vgl. Leistert, Oliver; Röhle, Theo: Identifizieren, Verbinden, Verkaufen. Einleitendes zur Maschine Facebook, ihren Konsequenzen und den Beiträgen in diesem Band. In: Dies. (Hg.): Generation Facebook. Über das Leben im Social Net. Bielefeld 2011, S. 7-30, hier: S. 17.
[237] Der Begriff *Freund* muss mit Vorsicht behandelt werden, so können auch flüchtige Bekannte oder gänzlich fremde Personen als sogenannte Freunde in das private Netzwerk aufgenommen werden.
[238] Disselhoff, Felix: Gefällt mir! Das Facebook-Handbuch. Heidelberg 2012, S. 27.
[239] Mark Zuckerberg präsentierte die Neuerungen zur Chronik bei einer Entwicklerkonferenz im Herbst 2011. Die Profile der User wurden anschließend nach und nach umgestellt. Siehe: http://www.netzwelt.de/news/88601-neue-facebook-chronik-eigenen-lebens.html Stand: 24.03.2013.

problemlos Beiträge seit dem ersten Tag der Facebook-Anmeldung angesehen werden, ohne dass ganz durchgescrollt werden muss.

Spiele-Anwendungen, Veranstaltungseinladungen, Gruppen, gewerbliche Seiten oder personalisierte Werbung sind weitere Gebiete, die rund um das Thema Facebook einzuordnen sind. Für den Schwerpunkt dieser Studie spielen sie aber keine Rolle.

Zur Inszenierung von Urlauben bietet Facebook mehrere Möglichkeiten an. Egal für welche der Optionen sich ein Nutzer entscheidet: Die Kontakte, die er in seinem Netzwerk hat, sehen seine Fotos und Statusmeldungen auf ihrer interaktiven Startseite, die sich aufgrund unterschiedlicher Kontakte von Nutzer zu Nutzer individuell zusammensetzt. Sie ist das Herzstück eines jeden Facebook-Accounts, da sie alle Aktivitäten der Freunde geordnet anzeigt.

Auf dem persönlichen Profil eines jeden Nutzers und auf der Startseite, die zwar inhaltlich von User zu User abweicht, in ihren Basisfunktionen aber gleich ist, gibt es ein kleines Eingabefeld am oberen Rand. In dieses kann ein User jederzeit schreiben, was ihn bewegt, wo er ist, oder was er macht. Diese Einträge erscheinen dann auf den jeweiligen Startseiten seiner Facebook-Kontakte. Dieses „Sprachrohr"[240] zu den Freunden bietet noch einige Extras. So kann zusätzlich zum Text ein Foto hochgeladen werden beziehungsweise es kann auch nur ein Foto – ohne Text – präsentiert werden. Weiterhin können Personen markiert werden, die auf dem Foto zu sehen sind. Die Statusmeldung wird dann um den Eintrag „mit XY" verlängert. Zusätzlich kann dem Eintrag ein grober, aber aktueller Standort zugewiesen werden. Dieser wird über die IP-Adresse des Computers oder bei Smartphones über GPS oder das Internet ermittelt. Es werden keine genauen Adressen angegeben, nur Städtenamen oder Ortsteile. Es können aber zusätzlich bestimmte Orte wie Restaurants, Hotels oder spezielle *Hot Spots,* z.B. bekannte Gebäude oder Sehenswürdigkeiten, ausgewählt und angezeigt werden. Schlussendlich kann noch entschieden werden, für wen der Eintrag sichtbar sein soll. Der Zugriff kann für Freunde oder die Freunde von Freunden eingeschränkt werden, oder gar nicht. Mit einem Klick auf *Posten* ist der Beitrag dann online.

Doch nicht nur einzelne Fotos oder Beiträge können bei Facebook erstellt werden, auch ganze Alben können mit Fotos gefüllt und betitelt werden. Ebenfalls können in den Alben Personen und Orte markiert werden. Innerhalb dieser Alben können Bilder groß

---

[240] Disselhoff (2012), S. 56.

hervorgehoben werden, so dass sie in der Übersicht, die ein Nutzer als Erstes sieht, wenn er auf ein Album klickt, herausstechen. Die Fotos können kommentiert oder unkommentiert veröffentlicht werden und andere Nutzer haben die Gelegenheit die Bilder mit dem *Gefällt mir*-Button zu markieren oder diese zu kommentieren. Für das Posten von Bildern oder Meldungen aus dem Urlaub ist ein funktionsfähiger Internetzugang notwendig. Mit dem eigenen mobilen Endgerät reicht dafür ein Internet- oder WLAN-Zugang[241] aus, doch auch die Nutzung von Hotelcomputern oder Internetcafés ermöglicht das Informieren der Freunde über den Verlauf des Urlaubs. Weiterhin können User auch nur einen Standort ohne ein Foto posten, um deutlich zu machen, dass sie sich nicht an ihrem Heimatort aufhalten.

Weitere Möglichkeiten zur Versendung von Urlaubsgrüßen oder zur Inszenierung der Reise ist das Schreiben privater Nachrichten oder das öffentliche Schreiben von Nachrichten an die Chronik von Freunden, die andere Kontakte dann mitlesen können.

Da die vier Gesprächspartner alle den Fotodienst *Instagram* während der Interviews erwähnen, werden an dieser Stelle die Besonderheiten dieser Anwendung kurz erklärt. Die Applikation Instagram kann auf Smartphones installiert werden.

Instagram gehört zu Facebook und wurde im April 2012 von Facebook-Gründer Mark Zuckerberg für eine Milliarde Dollar aufgekauft.[242] Seit 2012 hat Instagram 30 Millionen Nutzer weltweit. [243] Mit Instagram aufgenommene und bearbeitete Fotos können sowohl nur bei Instagram als auch zusätzlich bei Facebook hochgeladen und dort von anderen Nutzern gesehen, kommentiert und bewertet werden – es gibt die Möglichkeit beide Accounts miteinander zu verbinden. Die Besonderheit Instagrams liegt in den Bearbeitungsfiltern, die über jedes Foto gelegt werden können und dem Bild so ein künstlerisches Aussehen verleihen. Im Unterschied zu Facebook können über Instagram keine Nachrichten verschickt werden, die Anwendung ist rein fotozentriert.

Die Voraussetzungen, sowohl für Facebook als auch für Instagram, sind ein funktionierender Internetzugang und ein Gerät, das alle Daten anzeigt, also ein Smartphone, ein

---

[241] WLAN steht für *wireless local area network*, also drahtloses lokales Netzwerk. Siehe: http://wirtschaftslexikon.gabler.de/Definition/wireless-local-area-network-wlan.html Stand: 24.03.2013.
[242] http://www.stern.de/wirtschaft/news/facebook-schluckt-fotodienst-instagram-gehoert-jetzt-zuckerberg-1811412.html Stand: 14.11.2012.
[243] http://www.stern.de/wirtschaft/news/facebook-schluckt-fotodienst-instagram-gehoert-jetzt-zuckerberg-1811412.html Stand: 14.11.2012.

Laptop oder ein PC, denn ohne Medium gibt es keine Daten, keine Texte und keine Bilder – „ohne Vermittlung kein Zugang"[244].

Instagram ist ebenso wie Facebook in den Kontext des *Web 2.0* einzuordnen, dessen Besonderheiten auch in Anlehnung an *Urlaub 2.0*, einen Begriff aus dem Titel des Buchest, erläutert werden soll.

Von seinen kommerziellen Anfängen in den 1990er Jahren bis ins 21. Jahrhundert hat sich im Bereich des Internets sehr viel getan und durch das sich verändernde World Wide Web haben sich auch traditionelle Urlaubsgepflogenheiten modifiziert. Web 2.0 bezeichnet die interaktive Form des Internets. Jeder User kann Inhalte erstellen und so das Netz mitgestalten. Im Web 1.0 haben nur wenige Personen Inhalte produziert, die viele nutzen konnten. Das Internet funktionierte also einsträngig. Im Web 2.0 lautet die Devise „Mitmachen"[245]. Mit dieser Wandlung des Netzes im Laufe der Zeit[246] kam es zu einem Paradigmenwechsel. Interaktivität, wechselseitige Beeinflussbarkeit – eben das Zusammenwirken zwischen Benutzern steht im Web 2.0 im Vordergrund. Vielen Sendern stehen viele Empfänger gegenüber und es entsteht eine alternierende Interaktion. Geprägt hat den Begriff Web 2.0 der Verleger Tim O'Reilly, er sprach vom „Web als Plattform"[247]. Die Angebote im Web 2.0 sind nicht mehr rein Verkaufs- oder Informationsorientiert, sondern forcieren die Beteiligung der Nutzer am Web.

Im empirischen Teil der Studie soll nun analysiert werden, wie die Möglichkeiten Facebooks zur Reiseberichterstattung von aktiven Usern im Vergleich zu anderen Plattformen und Instrumenten genutzt werden.

---

[244] Furtwängler, Frank: Latenz. Zwischen Vermehrung/Beschleunigung und Selektion/Verzögerung im Netz der Daten. In: Haupts, Tobias; Otto, Isabell (Hg.): Bilder in Echtzeit. Medialität und Ästhetik des digitalen Bewegtbildes. Augenblick- Marburger Hefte zur Medienwissenschaft, Heft 51. Marburg 2012, S. 80-103, hier: S. 80.
[245] http://www.focus.de/digital/multimedia/cebit-2006/trends/neues-internet-web-2-0_aid_105635.html Stand: 08.11.2012.
[246] Der Wendepunkt liegt im Jahr 2001. Im Jahr 2004 fand die erste Web 2.0 Konferenz statt. Siehe dazu: http://www.oreilly.de/artikel/web20_trans.html Stand: 24.03.2013.
[247] http://www.focus.de/digital/multimedia/cebit-2006/trends/neues-internet-web-2-0_aid_105635.html Stand: 08.11.2012.

Hauptteil: Empirie

5. Auswertung und Analyse der Interviews

Um die Ergebnisse der Interviews übersichtlich wiederzugeben, werden Kategorien zu verschiedenen Aspekten gebildet. Die Antworten der Befragten werden in diese Kategorien eingeordnet und mit der Forschungsliteratur zusammengeführt. Die verschiedenen Gesichtspunkte und ihre Auswertung in acht Kategorien führen letztendlich zur Beantwortung der Forschungsfrage.

5.1 Motive zur bildlichen Inszenierung einer Reise bei Facebook

In diesem Unterkapitel sollen die Antworten der vier Interviewpersonen zu ihren Motiven beim Hochladen von Fotos bei Facebook analysiert werden. Des Weiteren wird untersucht, was zu welchem Zeitpunkt auf welche Art und Weise hochgeladen wird, was nicht hochgeladen wird und welches Bild der Reise und insbesondere des Reisenden dadurch konstruiert wird. Weitere Aspekte, die in diesem Kapitel von Belang sind, sind die Bearbeitung oder Veränderung von Fotos und Facebook-Fotoalben nach dem Hochladen.

Sowohl Tobias, Laura als auch Johannes laden Fotos bei Facebook hoch und erstellen komplette virtuelle Alben. Nora erstellt keine virtuellen Alben, sie lädt höchstens vereinzelte Bilder hoch. Als Grund gibt sie an, dass sie Fotos, die sie auf Reisen macht, ihren Freunden lieber persönlich zeigt.[248] Ein weiterer Grund ist für sie der Schutz der Privatsphäre, den sie näher erläutert:

> „[…] weil ich die Erfahrung gemacht hab', dass viele Firmen bei Bewerbungsprozessen versuchen, auf Facebook-Profile zuzugreifen und auch wenn man dann die Privatsphäreeinstellungen so aktiviert hat, dass es eigentlich nicht sichtbar ist – aber man weiß nie über welche Ecken Leute dann doch irgendwas einsehen können und naja – das möchte ich nicht."[249]

Darüber hinaus gibt sie an, dass „man bei Facebook auch mit vielen Leuten befreundet ist, denen [man] jetzt nicht unbedingt [seine] Fotos zur Verfügung stellen möchte."[250] Allerdings postet sie hin und wieder vereinzelte Fotos aus Urlauben, da sie so ihren Freunden mitteilen möchte, dass es ihr gut geht: „Das ist eher so, um dann doch nochmal mitzuteilen, wo man sich grade befindet, einfach so 'n kurzes Update zu geben,

---

[248] Vgl. Anhang (im Folgenden mit A. abgekürzt), Interview 4, S. XXIV.
[249] A., Interview 4, S. XXIV.
[250] A., Interview 4, S. XXIV.

grade wenn man irgendwie weiter weg ist. Ist manchmal schöner als dann irgendwie nur
'n kurzes Status-Update zu geben [...].“[251] Dieses Verhalten spricht einerseits für ihr
Mitteilungsbedürfnis, für das Facebook ihr eine Plattform bietet und andererseits für einen bewussten Umgang mit persönlichen Informationen und eine kritische Einschät-
zung des sozialen Netzwerks in Hinblick auf ihre Privatsphäre.

Johannes, Tobias und Laura geben an, dass sie die Fotos ebenso ihren Freunden zeigen
möchten. Für Tobias geht es hauptsächlich darum „die Erinnerung mit Leuten zu teilen,
die nicht dabei waren.“[252] Für Laura steht ebenfalls das Teilen von Eindrücken mit ihren
Freunden, die während der Reise nicht dabei waren, im Vordergrund.[253] Für sie ist Facebook ein wichtiges Instrument, um in Kontakt zu bleiben und sich mitzuteilen: „Dadurch, dass man sehr vernetzt ist, und gerade auf Facebook viele Freunde hat, die auch
im Ausland sind, ist Facebook eigentlich so ein richtiges Kommunikationsmedium geworden.“[254] Das Hochladen von Bildern ist für sie wie auch für Nora eine Art zu kommunizieren.[255]

Johannes präsentiert ebenfalls Bilder bei Facebook. Seine Gründe sind allerdings nicht
nur privater Natur. Im Jahr 2011 hat er vier Wochen Urlaub in Kambodscha verbracht
und aus dieser Zeit ein Album mit 536 Bildern bei Facebook veröffentlicht.[256] Er sagt,
dass seine Fotos eine Reaktion auf die Fragen gewesen seien, wie seine Reise war:

> „[...] das waren die Leute, die gefragt haben: Wie war denn deine Reise? Du kannst
> natürlich jedem den Standardsatz erzählen: Das Wetter war schön, wir waren auf der
> anderen Seite der Erde, es war durchgehend knapp an die 40 Grad und während ihr
> alle gefroren habt, waren wir alle schön braun – aber so können die Leute selber ent-
> scheiden: Hey cool, der ist in Kambodscha gewesen, das interessiert mich – oder sie
> lassen es bleiben. Ich muss niemandem meine Geschichte aufdrücken. Oder wenn
> jemand nachfragt, kann ich sagen – kann ich davon erzählen und die Leute können
> sagen: Cool, ich besuch dich auf deiner Internetseite im Prinzip, auf dem Facebook-
> Profil und guck mir mal selber an, was du da gemacht hast.“[257]

Einerseits möchte er die Bilder seinen Kontakten zeigen, denn: „Dann kann jeder sich
seinen eigenen Eindruck machen, wie es in Kambodscha aussieht, wenn es ihn interessiert.“[258] Andererseits ist Facebook für ihn der Ort, der ihm auch für seinen Beruf Mög-

---

[251] A., Interview 4, S. XXIV.
[252] A., Interview 1, S. I.
[253] Vgl. A., Interview 2, S. IX.
[254] A., Interview 2, S. VII.
[255] A., Interview 2, S. VII.
[256] Die Anzahl der Fotos entnehme ich meiner Beobachtung im eigenen Netzwerk.
[257] A., Interview 3, S. XVIII.
[258] A., Interview 3, S. XVI.

lichkeiten eröffnet. Indem er seine Fotos ausstellt, kann er sich als Fotograf präsentieren, was für ihn beruflich sehr wichtig ist:

> „Ein Großteil meiner Freunde beschäftigt sich auch mit Fotografie und teilt irgend-
> wo so 'ne Leidenschaft und gibt ja auch Feedback. Das ist ja das Schöne daran. Ich
> muss keine Ausstellung machen. Ich kann die Ausstellung digital machen. Die Leute
> kommen im Prinzip in meine Ausstellung rein und sagen: Wow, das ist echt 'n gei-
> les Bild."[259]

Hier trifft die Aussage von Medienpsychologin Nicola Döring zu, dass durch ein bestimmtes Verhalten ein zielkonformer Eindruck hinterlassen wird.[260] Johannes stellt
sich dar, wie er ist beziehungsweise so, wie er will, dass andere Menschen glauben, dass
er ist[261] – als Fotograf. Auch wird im Zuge seiner Inszenierung der Fotos ein ganz bestimmter Eindruck der Reise erweckt. In Anbetracht der Tatsache, dass er auf seiner
vierwöchigen Reise 32 000 Fotos geschossen[262] und nur 536 veröffentlicht hat, ist davon auszugehen, dass eine andere Auswahl von Bildern ein gänzlich anderes Bild der
Reise und auch seiner fotografischen Fähigkeiten vermitteln würde. Jede Bildauswahl
unterliegt seinem subjektiven Filter. Einen verwackelten Schnappschuss würde Johannes niemals hochladen.[263] Hier findet eine Inszenierung statt, die der Selbstdarstellung
des Fotografen dienen soll. So sagt er: „Aber sagen wir mal so, ich denke, dass ich
schon 'n ganz gutes Auge dafür habe, was gut ist, was interessant ist […]."[264] Für Johannes ist nicht nur wichtig, an welche Gegebenheiten seine Fotos erinnern, sondern
auch, was sie zeigen und wie sie es tun.[265] Seine Interessen gehen über die der Knipserfotografie nach Starl hinaus.

Auch Tobias, der in seiner Freizeit viel filmt und fotografiert, hat ähnlich wie Johannes
einen bestimmten Anspruch an ein von ihm aufgenommenes Bild. Er möchte sich ebenfalls als guter Fotograf darstellen – wenn auch nicht in einem beruflichen Rahmen:
„Wenn ich das online stelle, sollte das jetzt nicht irgendwie komplett verrauscht sein
oder verwackelt, oder dass 'ne Person nur angeschnitten drauf ist. Sollte schon irgendwie gut sein."[266]

---

[259] A., Interview 3, S. XIX.
[260] Siehe Döring (2003), Kapitel 1.6.1.
[261] Siehe Abels (2006), Kapitel 1.6.1.
[262] Vgl. A., Interview 3, S. XVI.
[263] Vgl. A., Interview 3, S. XXI.
[264] A., Interview 3, S. XXI.
[265] Siehe Starl (1985), Kapitel 3.2.
[266] A., Interview 1, S. III.

Laura, die Fotos hochlädt und ganze Alben bei Facebook erstellt, sagt, dass für sie dabei auch Selbstdarstellung eine Rolle spiele: „Selbstdarstellung…Ja klar. Machen wir alle. Also klar, auf jeden Fall hat es was damit zu tun, […] mit 'nem Bild, was man natürlich transportieren möchte.“[267] Tobias gibt zu, dass Selbstdarstellung und auch „Prahlerei“[268] eine Rolle spielen und äußert Gedanken, die seiner Meinung nach beim Hochladen von Fotos entstehen: „Guck mal an wie vielen Orten ich schon war oder welche tollen Sachen ich schon gesehen habe.“[269]

In Anbetracht der Merkmale Weltoffenheit, internationale Kompetenz und kulturelles Know-How,[270] die Kulturanthropologin Theresa Frank reiseerfahrenen Menschen attestiert, sind genau dies die Eigenschaften, die durch das Posten von Fotos vermittelt werden. Zu zeigen, an welchen besonderen oder exotischen Orten man bereits war, und dass man etwas von der Welt sieht, vermittelt die von Frank angesprochenen Aspekte. Durch das Hochladen von Fotos bei Facebook stellen sich die Akteure in Anlehnung an die Definition der Selbstdarstellung als das dar, was sie sind beziehungsweise was sie sein möchten: weltoffene, reiseerfahrene Menschen mit einem breiten Horizont, da sie die Welt bereisen und sich nicht immer nur zu Hause in ihrem gewohnten Umfeld aufhalten.

Das Evozieren von Neid sei eine weitere Motivation für das Hochladen von Fotos, wie Tobias zu berichten weiß. Er sagt, dass zwar niemand gerne zugebe, dass er andere mit Fotos von besonderen Orten neidisch machen möchte, räumt aber ein, dass es mit ins Gewicht fällt – auch bei ihm.[271] Nora thematisiert diesen Aspekt ebenfalls:

> „Ja gut, das spielt natürlich auch immer irgendwie so 'ne Rolle, einfach mal zu sagen: Ätsch! Ist jetzt nicht der vorwiegende Grund, aber ich denk' mal das kommt automatisch mit rein. Ist ja auch andersrum so – man sieht Fotos dann bei anderen Leuten, wo man dann auch selber neidisch ist, dass die grade irgendwo sind, wo es schön ist.“[272]

Johannes versucht sich davon zu distanzieren, Neid hervorrufen zu wollen. Er lädt keine einzelnen Fotos während eines Urlaubes hoch, da er unter anderem denkt:

> „[…] im Endeffekt glaub ich, wenn du da 'rein schreibst, dass du grad bei 35 Grad mit 'nem Bier auf 'nem Boot in den Tropen bist, da sagen die Leute: Schön für dich,

---

[267] A., Interview 2, S. VII.
[268] A., Interview 1, S. I. Siehe auch Fendl, Löffler (1995) Kapitel 4.2.
[269] A., Interview 1, S. I.
[270] Siehe Frank (2011), Kapitel 2.2.
[271] Vgl. A., Interview 1, S. I.
[272] A., Interview 4, S. XXVI.

interessiert mich nicht. Das kann so 'n bisschen auch Neid sein, der da provoziert wird. Und dann noch Bilder hochzuladen...."[273]

Zu zeigen, was man erlebt, während die anderen ihren alltäglichen Aufgaben nachgehen, ist für viele Menschen eine der Motivationen wenn es darum geht, Reisen bei Facebook zu inszenieren. Dies führt allerdings zu erschreckenden Ergebnissen, wie Forscher der TU Darmstadt und der HU Berlin herausgefunden haben.[274] Über ein Drittel der befragten User fühlt sich während oder nach dem Lesen positiver Nachrichten von Facebook-Freunden oder dem Betrachten von Urlaubsfotos von Kontakten schlecht.[275] Menschen vergleichen sich mit ihnen ähnlichen Menschen, was durch die Angaben auf Facebook-Profilen gut möglich ist und können so sehen, wie gut sie dabei abschneiden. Frust, Unzufriedenheit und Neid können durch das Gefühl im sozialen Vergleich unterlegen zu sein entstehen.[276] Dies führt bei vielen Usern zu einer noch ausgeprägteren Selbstdarstellung mit einem Hang dazu, Dinge schöner darzustellen als sie sind, um die negativen Gefühle zu kompensieren.[277] Nora spricht genau diese Thematik an. Sie sieht Urlaubsfotos ihrer Kontakte und versucht mit ihnen gleichzuziehen, wenn sich die Gelegenheit bietet. Es scheint, dass manche Fotos sogar nur für Facebook geknipst werden, um eben auch zu präsentieren, was Schönes erlebt wird. Diese Prozesse laufen häufig unbewusst ab, sind aber nicht zu unterschätzen. Sie sind wechselseitig – das eine bedingt das andere, was wiederum Facebook zu Gute kommt, da die Plattform nur durch das regelmäßige Hinzufügen neuer Inhalte funktioniert.

Das Herzeigen von Fotos kann auch laut Fendl und Löffner als naiv und angeberisch gesehen werden.[278] Ursprünglich ist ihre Aussage aber auf Diaabende, zu denen Freunde eingeladen werden, bezogen. Allerdings ist ein Diaabend ähnlich wie Facebook eine Präsentationsplattform. Mit naiv ist dabei der Gedanke gemeint, dass andere Leute an selbstgeschossenen Urlaubsfotos interessiert sind – was nicht immer der Fall sein muss. Im Unterschied zu Diaabenden können diese Fotos bei Facebook vom Betrachter einfach weggeklickt werden, ohne dass es jemand merkt. Der Aspekt des Prahlens spielt

---

[273] A., Interview 3, S. XIX.
[274] http://www.spiegel.de/netzwelt/web/studie-facebook-macht-nutzer-unzufrieden-und-neidisch-a-878803.html Stand: 23.01.2013.
[275] http://www.spiegel.de/netzwelt/web/studie-facebook-macht-nutzer-unzufrieden-und-neidisch-a-878803.html Stand: 23.01.2013.
[276] http://www.spiegel.de/netzwelt/web/studie-facebook-macht-nutzer-unzufrieden-und-neidisch-a-878803.html Stand: 23.01.2013.
[277] http://www.spiegel.de/netzwelt/web/studie-facebook-macht-nutzer-unzufrieden-und-neidisch-a-878803.html Stand: 23.01.2013.
[278] Siehe Fendl; Löffler (1995), Kapitel 4.2.

jedoch durchaus eine Rolle, wie Nora und Tobias zugeben. Das Präsentieren von Bildern bei Facebook ist aber nicht nur als naiv oder angeberisch zu bezeichnen, sondern auch als Netzwerkpflege. In Anlehnung an Starls Definition der Knipserfotografie ist es nicht mehr nur wichtig, an welche Gegebenheiten die Bilder erinnern, sondern auch, was sie zeigen. Selbstgeschossene Urlaubsfotos von besonderen Orten können als Prestigeobjekte gelten und verursachen häufig Neid bei den Betrachtern, da sie zeigen, dass der Knipser sich an einem schönen Ort fern des Alltags aufhält.

Weitere Gründe für das Hochladen von Fotos bei Facebook nennt Tobias, der nicht nur mit dem Smartphone oder mit seiner Spiegelreflexkamera aufgenommene Bilder veröffentlicht, sondern auch analoge Polaroid-Fotos. Diese scannt er ein, lädt sie hoch und erstellt auf diese Weise ganze Alben. Er möchte auch diese Fotos seinen Freunden zeigen, gleichzeitig ist es für ihn eine Form der Konservierung der Bilder: „Das mach' ich unter anderem aber deshalb, weil die nicht so lang halten. Bei diesen Polaroids kann es sein, dass die nach 'nem Jahr vergilben oder so."[279] Das Einscannen und Hochladen der Bilder stellt für ihn dabei keinen größeren Aufwand dar: „[…] das ist eigentlich schnell gemacht."[280] Die digitale Archivierung analoger Bilder macht diese Bilder einer breiteren Masse zugänglich, als wenn Tobias sie in analoger Form belassen würde. Hier kann, in Anlehnung an Martin Zierold von einer Abhängigkeit der Kommunikationsinstrumente durch ihre Materialisierung gesprochen werden.[281] Das analoge Polaroid-Bild ist zwar haptisch greifbar und kann herumgezeigt werden, aber erst durch die digitale Form wird es für die ebenfalls digitale Plattform Facebook interessant. Das Foto wird also durch das Einscannen in binäre Codes umgewandelt – die Basis einer jeden digitalen Information – aus denen auch Facebook besteht. Hier wird die Materialisierung auf eine Ebene mit dem Sozialen Netzwerk gebracht. Zwar ist auch die Dauerhaftigkeit des digitalen Datenträgers ein entscheidender Faktor bei der Speicherung, laut Tobias ist die Unversehrtheit des Bildes in analoger Form aber nicht länger als ein Jahr gegeben.

Nora, die nur einzelne Bilder bei Facebook postet, lädt diese auch immer direkt während des Urlaubes hoch. Für sie fungiert das als Status-Update für ihre Freunde und Fa-

---

[279] A., Interview 1, S. I.
[280] A., Interview 1, S. I.
[281] Siehe Zierold (2006), Kapitel 3.1.

cebook ist ihr Instrument dafür.[282] Sie berichtet, dass sie aus ihrem letzten Urlaub im November 2012 in Marokko ein Bild von sich gepostet habe und erwähnt – angesprochen auf den Grund dieses Postings – einen entscheidenden Aspekt: „Dass wir danach im Restaurant saßen und Fotos geguckt haben und uns gedacht haben: Ach komm, jetzt hast du grad WLAN."[283] Eine funktionierende Internetverbindung ist eine wichtige Voraussetzung für das Teilen von Bildern via Facebook. Auch Johannes thematisiert diesen Aspekt in Bezug auf seine vierwöchige Kambodscha-Reise: „Da gibt's einfach kein Internet. Oder selbst wenn – es gibt schon Internet, aber wenn man da auf 'nem Boot ist, kann man nichts posten."[284] Laura erwähnt ebenfalls das offene WLAN, das nötig ist, um Urlaubsgrüße zu übermitteln: „[…] ich hab 'n I-Phone und wenn ich dann in 'nem WLAN bin, dann poste ich grad mal 'n Bild auf Facebook oder schreib irgendwas und es ist so 'n bisschen dieses: ‚Hallo ich lebe noch', aber ich hab' jetzt nicht 'ne Auslandsflatrate für diese Dinge."[285]

Die Themen WLAN-Zugang und Netzabdeckung sind ganz entscheidende Faktoren, die darüber bestimmen, ob Personen Fotos aus ihrem Urlaub posten oder nicht. Laura betont, dass sie keinen Auslandtarif habe, um ins Internet zu gehen und auch Nora und Johannes sagen, dass sie im Ausland von WLAN-Angeboten abhängig seien. Das Posten von Fotos ist also immer daran gebunden, dass im Ausland eine Möglichkeit geboten sein muss, sich ins Internet einzuloggen – anders kann kein Zugriff auf Facebook erfolgen. Es ist davon auszugehen, dass Reisen in die USA oder innerhalb Europas eher zeitnah bei Facebook präsentiert werden, als eine Safari in Kenia, ein Outback-Besuch in Australien oder eine Reise durch die Dschungelregionen am Amazonas. An diesem Aspekt ist die Aktualität gekoppelt. So sind die Aufnahmen selten im selben Moment online, in dem sie entstehen. Gerade bei Fotos aus entlegenen Gebieten muss davon ausgegangen werden, dass das Bild nicht im Moment des Hochladens aufgenommen wurde, sondern schon etwas älter ist – seien es Stunden, Tage oder sogar Wochen. Somit ist beim Einordnen der Bilder in den Reisekontext Vorsicht geboten, da sich die Personen beim Hochladen ihrer Fotos schon längst wieder an anderen Orten befinden können. Urlaubsberichterstattungen, die während der Reise erfolgen, sind also selten *live*, sondern meist zeitverzögert.

---

[282] Vgl. A., Interview 4, S. XXIV.
[283] A., Interview 4, S. XVIII.
[284] A., Interview 3, S. XIX.
[285] A., Interview 2, S. VIII.

Des Weiteren gilt zum Beispiel für China, dass der Zugang zu Facebook durch die Regierung gesperrt ist und es dort trotz gut funktionierenden und gerade in den Städten weitverbreiteten Internetverbindungen kompliziert bis unmöglich ist, die Facebook-Seite zu besuchen.[286] Ein Grund ist unter anderem folgender: „Soziale Netzwerke bieten eine Plattform für negativen Meinungsaustausch und gefährden somit die soziale Sicherheit", so zitiert die Tageszeitung Global Times die regierungsnahe Akademie für Sozialwissenschaften in China.[287] Auch in dem Fall, dass ein Reisender kein Smartphone besitzt, das Kamera und Internetzugang in sich vereint, wird das Hochladen deutlich komplizierter. Bilder müssen dann erst von der Kamera auf einen internetfähigen Computer geladen werden, damit sie im Sozialen Netzwerk präsentiert werden können.

User sind bei der Präsentation ihres Urlaubes via Facebook also immer abhängig von den technischen Gegebenheiten.

Ganze Alben laden die Befragten – bis auf Nora – erst nach dem Urlaub hoch, wenn sie wieder zu Hause sind. Von unterwegs senden sie via Facebook nur Updates, Eindrücke und kurze Grüße. Laura erklärt: „Es ist grundsätzlich so: Ich komm nach Hause und lad die Bilder auf den Rechner und mach dann – nicht nach jeder Reise, aber ab und an schon 'n Fotoalbum, was ich dann auch auf Facebook poste. Gerade wenn ich mit Freunden unterwegs war […]."[288] Tobias lädt direkt aus dem Urlaub nur einzelne Bilder hoch, ganze Alben erstellt auch er erst, wenn er wieder zu Hause ist.[289] Johannes, der ausschließlich von zu Hause aus agiert, begründet sein Vorgehen mit dem Abstand, den er zu Bildern brauche, um bewerten zu können, ob sie gut sind:

> „Nimm 'ne Woche Abstand von der ganzen Geschichte oder nimm am besten zwei Wochen Abstand und guck dir die Bilder nochmal an, sortier aus, nimm nochmal 'ne Woche Abstand und sortier wieder aus. […] du kannst niemandem zumuten, wenn er die Bildergalerie durchklickt, sich 800 Fischerboote anzugucken, weil der Eindruck vor Ort ist immer 'n ganz anderer."[290]

Aus diesem Grund lädt er auch keine einzelnen Bilder aus dem Urlaub hoch. Das Nacherleben des Urlaubs[291] erfordert bei ihm mehr Abstand, da er sich bemüht, die Bilder objektiv zu betrachten und niemanden mit ihnen zu langweilen. Er distanziert sich somit bewusst von der Naivität, die Fendl und Löffler ansprechen, davon auszugehen, dass al-

---

[286] http://asienspiegel.ch/2011/01/weshalb-facebook-in-china-inexistent-ist/ Stand: 20.11.2012.
[287] http://www.chinamedienblog.de/archives/79 Stand: 20.11.2012.
[288] A., Interview 2, S. VIII.
[289] Vgl. A., Interview 1, S. I.
[290] A., Interview 3, S. XVII.
[291] Siehe Ziehe (1999), Kapitel 4.1.

le seine Fotos für die Rezipienten interessant seien. Auch zeigt sich hier sein professioneller, fotografischer Hintergrund und die damit verbundene Schwierigkeit, die Diskrepanz zwischen den Bildern als Zeugnis seiner fotografischen Künste und als private Urlaubserinnerungen zu überbrücken. Das Mitnehmen der Fotos in den Alltag und die damit verbundene Verlängerung der Reise findet bei Johannes zeitversetzt und auf unterschiedlichen Ebenen statt. Ein weiterer Grund keine Fotos während Reisen zu posten, ist für ihn das Abschalten im Urlaub von sozialen Netzwerken: „[…] ich bin ja im Urlaub und die Frage, die man sich da selber stellen muss ist: ‚Wie sehr bind‘ ich jetzt Leuten auf die Nase, was ich gerade mache? […] muss ich mich die ganze Zeit mit Facebook auseinandersetzen?‘"[292] Dieser Gedanke zeugt von dem bewussten Wunsch nach Abschalten vom Alltag – und Facebook gehört definitiv zur Alltagskultur – so wie er auch Bestandteil der Flucht-These ist, die immer wieder als Grund für Reisen genannt wird.[293] Allerdings entspricht dieser Gedanke dem Gegenteil der eigentlichen Funktion Facebooks, nämlich dem Mitteilen von Aktivitäten und die dadurch entstehende Interaktion mit Freunden. Johannes verweigert diese Art der Mitteilungen aber nicht gänzlich, schließlich postet er seine Fotos, wenn er wieder zu Hause ist.

Nora hat bisher dadurch, dass sie nur wenige Bilder bei Facebook hochlädt keinen Nachteil erfahren, ihren Freunden ist es aber durchaus aufgefallen:

> „Also es haben sich schon einige Freunde beschwert: ‚Nie sieht man von dir Fotos!‘ Oder: ‚Bist du zu faul?‘ Oder es gibt auch viele, die sagen: ‚Warum lädst du die Bilder nicht hoch, dann kann ich mir die quasi runterladen?‘, aber das ist ja genau das, was ich vermeiden will. Also dadurch, dass Facebook die Bilder eben nicht sperrt, sondern du einfach auf OK klicken kannst und das auf deinem eigenen PC speichern kannst und das will ich eben nicht."[294]

Interpretiert man Noras Aussage, so scheinen es manche Menschen als ungewöhnlich zu empfinden, dass jemand keine Fotoalben bei Facebook erstellt. Diese Tatsache kann auf die bereits thematisierte Wechselseitigkeit des passiven Konsumierens und aktiven Bereitstellen rückgeführt werden. Mehr zu konsumieren als man präsentiert, ist für einige von Noras Kontakten schwer vorstellbar. Auch muss an dieser Stelle nicht nur das eigene Mitteilungsbedürfnis genannt werden, das vielen Postings voraus geht, sondern auch

---

[292] A., Interview 3, S. XIX.
[293] Siehe Hennig (1997), Kapitel 2.2.
[294] A., Interview 4, S. XVIII.

das Bedürfnis nach Informationen, die Kontakte bei Facebook preisgeben. Für Nora steht der Datenschutz aber im Vordergrund.[295]

Der Umgang mit den Fotoalben nach der Veröffentlichung ist bei den vier Interviewten unterschiedlich. Tobias glaubt ein Album nach dem Hochladen verändert zu haben, kann sich aber an kein konkretes Beispiel erinnern.[296] Johannes hat nach seinem Kambodscha-Urlaub aus dem Facebook-Album wieder Bilder herausgelöscht, da „Personen, die darauf abgebildet waren das so wollten"[297] und er hat Bilder entfernt bei denen ihm auffiel: „Ok, das ist jetzt das zwölfte Fischerboot, das muss jetzt nicht unbedingt sein, interessiert jetzt auch nicht unbedingt jeden."[298] Laura löscht ebenfalls Bilder, wenn sie jemand darum bittet, ansonsten gibt sie an, bereits im Vorfeld die Fotos für ihre Alben so auszuwählen, dass ein nachträgliches Verändern des Albums meist nicht nötig sei.[299] Auch Nora gibt an, ihre einzelnen Bilder, die sie hochgeladen hat, bei Facebook zu lassen:

> „Die bleiben in der Regel da. Das ist dann schon so 'ne Vorauswahl, die ich treffe, dass – oder auch auf den Fotos, auf denen ich verlinkt bin, das ist schon 'ne Auswahl von Fotos, die ich akzeptabel finde und die können dann auch bleiben und da ich ja dann vorher schon selektiert hab', hab' ich dann auch noch nie drüber nachgedacht, da jetzt was zu löschen."[300]

Hier zeigt sich ein Vorteil der Digitalität – Fotoalben bei Facebook sind nicht unveränderlich. In herkömmliche Fotoalben eingeklebte und wieder entfernte Fotos sorgen für Lücken, bei Facebook fällt die Veränderung von Fotoalben nicht direkt ins Auge. Das Hochladen von Fotos in ein digitales Album bringt die Bilder in eine gewisse Ordnung und sorgt somit für eine Form der Archivierung.

Laura spricht den Aspekt der Aktualität und somit auch die Kurzlebigkeit von Facebook an: „Jetzt vor kurzem war halt 'n Fotoalbum, das war so eineinhalb Jahre alt, das hab' ich halt dann gelöscht oder hab' halt Bilder rausgenommen. War dann halt nicht mehr aktuell."[301] Dienen herkömmliche Fotoalben noch als ewige Erinnerung, die die Reise konservieren sollen, so geht es bei Facebook mehr um das aktuelle Inszenieren der Reise nach dem Urlaub. Aspekte der Kommunikation und Interaktion, der Selbstdarstel-

---

[295] In Kapitel 5.5 wird darauf näher eingegangen.
[296] Vgl. A., Interview 1, S. I.
[297] A., Interview 3, S. XIX.
[298] A., Interview 3, S. XIX.
[299] Vgl. A., Interview 2, S. VIII.
[300] A., Interview 4, S. XVIII.
[301] A., Interview 2, S. IX.

lung, des Mitteilungsbedürfnisses und der Aktualität stehen hier eher im Vordergrund, als die nachhaltige Konservierung von Eindrücken, wie Lauras Aussage belegt.

Johannes betont des Weiteren eine Besonderheit Facebooks beim Erstellen von Alben, die er auch bei seinem Kambodscha-Album angewendet hat: „[…] es gibt diese neue Funktion zum Beispiel, man kann ja die Bilder hervorheben, in dieser Galerie. Und da hab ich dann so meine Highlights mal 'n bisschen größer gemacht. Macht das Ganze auch interessanter sich das noch mal anzuschauen."[302] Diese Form der Kommunikation verdeutlicht dem Betrachter, welche Fotos Johannes besonders wichtig sind und lenkt den Blick auf bestimmte Bilder.

Von der Möglichkeit, Bilder vor dem Hochladen bei Facebook zu bearbeiten, machen die Interviewten regen Gebrauch. Tobias hat dafür zwei Programme auf seinem Smartphone und erklärt dazu: „[…] um das auf 'nem mobilen Endgerät zu machen, sind die schon relativ professionell. Wenn ich Alben poste, poste ich meistens nur die rohen Bilder und wenn ich einzelne Bilder mache oder poste, dann schon bearbeitet."[303] Der zeitliche Aufwand des Bearbeitens scheint ihn davon abzuhalten, dies für ganze Alben zu machen. Er nutzt auch die Filter, die das Programm Instagram anbietet, um seine Bilder zu bearbeiten[304] – ebenso Laura.[305] Auch Johannes gefällt es, mit den von Instagram angebotenen Filtern Fotos zu bearbeiten, um die Minderwertigkeit von Handyfotos wieder auszugleichen: „[Es] hat den Vorteil, dass du einen schnellen künstlichen Eingriff da 'rein bringen kannst. Im Prinzip deine eigene Note da 'rein bringen kannst."[306] Es zeigt sich: Es geht nicht nur um das schnelle Knipsen von Bildern, bei dem es keine Rolle spielt, ob das Motiv gut getroffen ist. Zumindest für meine Gesprächspartner ist auch die Qualität des Fotos wichtig – ebenso wie die Individualität, wie Johannes sagt. Als Erklärung dient dafür die Tatsache, dass Bilder eben nicht nur für den privaten Gebrauch geschossen werden, sondern sich auch häufig an andere richten.[307] Alle vier Gesprächspartner sind daher keine reinen Knipser, sondern mindestens den ambitionierten Amateurfotografen zuzuordnen. Bei Johannes geht das Können sogar noch darüber hinaus.

Auf weitere Aussagen zur Instagram-App wird an späterer Stelle eingegangen.

---

[302] A., Interview 3, S. XIX.
[303] A., Interview 1, S. VI.
[304] A., Interview 1, S. VI.
[305] A., Interview 2, S. XIII.
[306] A., Interview 3, S. XXII.
[307] Siehe Pilarczyk;Mietzner (2005), Kapitel 3.2.

5.2. Motivwahl und Reisebeweise

Unter dem Aspekt der Motivwahl soll in Hinblick auf das vorgeprägte Bild des Reisenden geschaut werden, ob die Interviewten sich beim Fotografieren an Vorlagen oder anderen Personen orientieren. Des Weiteren werden die Intentionen geposteter Fotos hinterfragt und die Bedeutung von Urlaubsfotos für die Interviewpartner untersucht.

Die Frage, ob bei der Motivwahl eine Orientierung an gewissen Vorlagen stattfindet und aus welchen Gründen bestimmte Fotos gepostet werden, haben die vier interviewten Personen unterschiedlich beantwortet. Laura gibt an, ihre Fotos frei von Vorlagen zu knipsen. Für sie ist ein Foto, das sie schießt, die Darstellung ihres eigenen Blickwinkels: „Jeder weiß wie das Colosseum aussieht, aber ich zeig dann einfach meinen Blickwinkel oder meine Sicht dann darauf."[308] Sie betont, dass es ihr wichtig sei, ihre eigene Sichtweise zu präsentieren. Durch ihr Beispiel bestätigt sie aber die Theorie, dass es dem heutigen Globetrotter nicht reiche den Eiffelturm zu besichtigen, sondern dass erst ein Foto von ihm Wohlbefinden auslöst.[309] Das Wahrzeichen Roms aus ihrer eigenen Sichtweise durch ihre eigene Kamera zu knipsen, vermittelt ihr auch im Nachhinein beim Betrachten des Bildes die Sicherheit, dort gewesen zu sein. Es bestätigt ihre „Identität innerhalb der dargestellten Szene."[310] Durch die Abgrenzung des eigenen Blickwinkels von anderen und der gleichzeitigen Übereinstimmung mit anderen, da das Colosseum stets das gleiche beliebte Motiv bleibt, hat der Prozess des Fotografierens hier eine identitätsstiftende Funktion. In ihrer Aussage zeigt sich aber der vorstrukturierte Blick Reisender, der auf *imageries* beruht.[311] So spricht sie davon, dass „jeder" wisse, wie das Colosseum aussieht. Es gibt sicher zahlreiche Menschen, die noch nie in Rom waren. Dieses Gebäude ist aber einem großen Teil der Bevölkerung aufgrund populärer Medien bekannt, was Reisende dann vor Ort zu diesem Gebäude zieht, um es wie Laura selbst zu betrachten und zu fotografieren. Ein Foto des Colosseums fällt in die von Pagenstecher erstellte Kategorie des „kanonisierten Musters."[312]

Ein individuelles Motiv ist für Laura weiterhin ein Teil der Selbstdarstellung, die über Facebook passiert und „was man über Fotos ja ganz gut machen kann."[313]

Zum Thema Bildgestaltung sagt Tobias: „Bei der Bildgestaltung orientier' ich mich nicht bewusst an irgendwelchen Vorbildern oder so was, unbewusst ganz sicher, das

---

[308] A., Interview 2, S. XIII.
[309] Siehe Carpenter (1994) Kapitel 3.2.
[310] Siehe ebd..
[311] Siehe Frank (2011), Kapitel 3.2.
[312] Siehe Pagenstecher (2005), Kapitel 3.2.
[313] A., Interview 2, S. XII.

macht jeder, weil das ist – es gibt immer 'ne allgemeine Ästhetik von Fotografie, die grade ist."[314] Und weiter:

> „Ich lad' ja eigentlich selten Fotos hoch, in denen keine Menschen zu sehen sind, weil ich das dann doch irgendwie zu langweilig finde und deswegen versuch ich immer Menschen im Vordergrund oder überhaupt in dem Bild erscheinen zu lassen. Und nach Möglichkeit auch Menschen, die ich kenne oder mit denen ich unterwegs bin. Und wenn's dann noch geht natürlich vor einer schönen Kulisse."[315]

Tobias schafft mit seinen Fotos gerne Beweise für sich und seine Mitreisenden, indem er die Menschen fotografiert mit denen er unterwegs ist und das vor landestypischer Kulisse. Wieder zu Hause verschaffen ihm die Fotos die Sicherheit vor Ort gewesen zu sein.[316] Er gibt zu, dass unterbewusst gewisse Vorlagen eine Rolle spielen.

Johannes orientiert sich wenn er fotografiert unter technischen Aspekten an anderen und sieht dies als Herausforderung. Seine Motive sucht er sich aber selbst:

> „Ich meine, wenn du 'nen geilen Sonnenuntergang hast, dann ja. Das ist schon irgendwie ein immer wieder überall vorkommendes Motiv. Aber ich würde niemals soweit gehen, kennst du bestimmt, den Sprung an einem Strand. Leute treffen sich an einem Strand, einer springt hoch und einer macht das Foto. Oder die Sonne festhalten oder so. [...] Aber klar, warum soll man nicht 'nen Sonnenuntergang fotografieren. Wenn der schön ist, fotografier ich den. Es ist ja im Endeffekt 'ne Erinnerung für dich."[317]

Von standardisierten Motiven hält er wenig, weshalb auch seine Kambodscha-Fotos durch eher ungewöhnliche Bildausschnitte bestechen: „Aber ich glaube, wenn du dir die Kambodscha-Bilder anschaust, da sind viele dabei, die würdest du bei anderen Leuten nicht sehen."[318] Er nennt Beispiele: „Den Besen von einem Straßenfeger und generell Menschen ist klar, Menschen sind immer interessant. Und sonst, ich hab' Tankwagen fotografiert, wo nur so 'n Trichter rausguckt, oder Leute, die grad was reparieren."[319] Alltagsszenen des kambodschanischen Lebens bestimmen seine Bildauswahl,

> „und die vielleicht auch im Detail. Kann im Endeffekt interessant sein das alles zu sehen. Aber ich mach das aus 'm Gefühl raus. Ich kann nicht sagen ich fotografier' jetzt explizit dies, das und jenes. Ich hab schon den Hang dazu hinzugehen und einfach nur – das Besenfoto ist dafür 'n Beispiel. Wer kommt auf die Idee 'nen Besen so zu fotografieren?!"[320]

---

[314] A., Interview 1, S. VI.
[315] A., Interview 1, S. V.
[316] Siehe Schurian-Bremecker (2001), Kapitel 3.2.
[317] A., Interview 3, S. XXIII.
[318] A., Interview 3, S. XXIII.
[319] A., Interview 3, S. XXIII.
[320] A., Interview 3, S. XXIII.

Drei seiner Bilder zeigen das Zerplatzen fallender Regentropfen auf einem Geländer. Für ihn ist mit diesem Foto etwas Spezifisches verknüpft: „Ja, aber das hat für mich zum Beispiel die Erinnerung: Mittags kommt der Monsun."[321] Diese Bilder können in die Kategorie der besonderen Ereignisse eingeordnet werden und der Moment kann dadurch, dass er festgehalten wurde, jederzeit wieder reproduziert werden.

Auch Nora sagt, dass sie fotografiere, was ihr gefällt: „Das kann auch mal 'ne Straßenlaterne sein."[322] Wichtig für sie ist, dass das Bild für sie eine Bedeutung hat. Auch sie erwähnt das Motiv des Sonnenuntergangs: „Ich mein klar, wenn man am Strand ist und da ist ein super schöner Sonnenuntergang, den fotografiert halt jeder. Ist dann einfach 'n schönes Erlebnis, find ich, mit dem auch gute Gefühle verknüpft sind, das würd' ich dann schon posten."[323] Prinzipiell bevorzugt sie aber originelle Motive:

> „Es muss jetzt aber nichts sein, was andere schon haben, das find ich auch eher langweilig. Jetzt zum Beispiel auch mit den Leuten in Australien, wo auch jeder Zweite 'n Bild aus Sydney vom Opernhaus postet, wo du dir dann auch denkst: Ja, kann ich auch. Das muss dann nicht unbedingt sein."[324]

Nora möchte sich von kanonisierten Mustern absetzen, indem sie zwar bekannte Sehenswürdigkeiten fotografiert, diese Bilder aber nicht bei Facebook inszeniert. Dieser Aspekt ist generell beim Betrachten von Fotos auf Facebook zu beachten: Was Menschen knipsen und was davon sie inszenieren, kann ein gänzlich verschiedenes Bild der Reise vermitteln und unterliegt wieder dem Aspekt der Selbstdarstellung. Nora versucht also Identität zu schaffen, indem sie sich vom Posten gängiger Motive abgrenzt.

Alle vier Befragten wollen sich von ihrer Umwelt abgrenzen, indem sie nicht die gleichen Fotos posten wie andere. Dies ist ein Weg, Identität erfahrbar zu machen.[325] Tobias und Johannes orientieren sich zwar technisch an Vorlagen, betonen aber die Individualität ihrer Motivwahl oder des Bildausschnitts. Sie sagen zwar, sich bei den von ihnen fotografierten Motiven selten auf spezielle Vorbilder wie Reiseführer zu beziehen. Jedoch fotografieren sie gerne Land und Leute, was laut Schurian-Bremecker typische Motive der Urlaubsfotografie sind.[326] Zwar legen alle Vier Wert auf die Einzigartigkeit ihrer Bilder, Johannes und Nora erwähnen aber auch klassische Motive wie den Sonnenuntergang am Strand, der in die von Pagenstecher erstellte Kategorie der „besonde-

---

[321] A., Interview 3, S. XXIII.
[322] A., Interview 4, S. XVIII.
[323] A., Interview 4, S. XVIII.
[324] A., Interview 4, S. XVIII.
[325] Siehe Bausinger (1977), Kapitel 1.6.3.
[326] Siehe Schurian-Bremecker (2001), Kapitel 3.2.

ren Ereignisse"[327] eingeordnet werden kann. Johannes' Motivwahl ist etwas spezieller. So fotografiert er Detailaufnahmen von Regentropfen oder einem Besen, was aber für seinen professionellen Hintergrund spricht, da er bei diesen Bildern beispielsweise mit gewissen Techniken der Schärfe arbeiten kann.

Fotos dienen für alle Gesprächspartner als Reisebeweis. Sie wollen ihren Freunden zeigen, wo sie sind oder waren und was sie gemacht haben. Im Vordergrund steht das Interesse sich mit individuellen Motiven von anderen abzugrenzen – auch wenn bedacht werden muss, dass Individualität in dem Fall schwierig zu definieren ist.

Mit Bezug auf die Theorie des vorstrukturierten Blicks des Reisenden wurde nach der Reiseinspiration der Interviewpartner gefragt, und ob sie sich bereits aufgrund von Facebook-Fotos zu einem Urlaub entschlossen haben. Laura berichtet von den Marokko-Bildern einer Freundin, die sie derart inspiriert haben, dass sie zwei Wochen Urlaub in dem nordafrikanischen Staat gemacht hat:

> „'Ne Freundin von mir war in Marrakesch, einfach nur 'n Wochenende und kam wieder und sie hatte mir 'n Foto geschickt. Also jedenfalls hatte ich Bilder gesehen, auch bei Facebook, wo sie in Marrakesch ist und hab sie dann gefragt: Sag mal, erzähl mal, wie ist das da so? Und dann hat sie halt erzählt und dann war mein Plan eigentlich auch so: Geil, da wollte ich schon immer mal hin, ist ja nicht so teuer, wie du gedacht hast und scheint ja auch ganz easy zu sein."[328]

Auch Johannes hat bereits bei Facebook Irland-Fotos gesehen, die ihn so fasziniert haben, dass er nun unbedingt dorthin möchte.[329] Nora bevorzugt als Inspirationsquellen eher Erzählungen und persönliche Informationen, die ihr ihre Freunde vermitteln.

Der touristische Blick von Reisenden kann also nicht nur von Reisekatalogen oder Angeboten aus dem Internet geprägt sein. Auch die von Freunden geknipsten und bei Facebook inszenierten Fotos können als Inspiration wirken, Neugierde wecken und bereits ein bestimmtes Bild des angestrebten Urlaubsorts vermitteln.

5.3. Die textuelle Inszenierung der Reise

Facebook bietet für die Inszenierung von Reisen nicht nur die Möglichkeit, Bilder hochzuladen – auch rein textbasierte Meldungen können verfasst werden. In diesem Kapitel soll überprüft werden, inwiefern die vier Befragten von dieser Option Gebrauch machen und welche Intention dahintersteckt.

---

[327] Siehe Pagenstecher (2005), Kapitel 3.2.
[328] A., Interview 2, S. XII.
[329] Vgl. A., Interview 3, S. XXIII.

Tobias postet diese sogenannten Statusmeldungen, da er davon ausgeht, dass es seine Kontakte im Netzwerk interessiere: „[…] wenn das keiner machen würde, würd' Facebook nicht existieren."[330] Er sagt über Facebook: „Anscheinend haben die schon den Zeitgeist getroffen, dass Mitteilungsbedürfnis besteht."[331] Er fasst damit die Basis zusammen, auf der Facebook existiert: Das Teilen von Inhalten und Informationen mit anderen ist der Kern der Plattform. Ohne die rege Beteiligung der User gäbe es Facebook nicht, denn ohne aktuelle Inhalte verschwände das Interesse daran, die Plattform aufzusuchen.

Weitere Gründe für das Posten von Statusmeldungen sind für Tobias: „Prahlerei oder: Guck ma' wo ich bin. Mit Sicherheit. Aber es macht einem ja auch Spaß und man will den Moment, den man da erlebt vielleicht auch noch irgendwie festhalten und mit Leuten teilen."[332] Ähnlich wie beim Posten von Bildern spielt auch hierbei Selbstdarstellung eine Rolle.

Johannes sagt, dass er prinzipiell Statusmeldungen veröffentliche, thematisiert aber erneut den Aspekt des mangelnden Internetzugangs in manchen Ländern – in seinem Fall Kambodscha.[333]

Nora postet auch nur gelegentlich Statusmeldungen: „[…] also auch nicht jeden Tag, wie manche Leute das tun. Wenn ich mal was erlebt hab wo ich halt sage: Das war so gut, das muss ich jetzt einfach mal mitteilen, dann halt schon."[334] Sie sagt, dass sie Texte aber prinzipiell langweiliger finde als Bilder „und [diese] auch irgendwie schwer auf den Punkt zu bringen [sind]."[335] Sie glaubt, dass Bilder „einfach interessanter"[336] seien.

Auch Laura stellt fest, dass sie keine reinen Statusmeldungen mehr postet: „Bei mir ist das wirklich – dieses ganze Facebook-Ding – ist bei mir alles immer mit 'nem Bild verknüpft."[337] Sie erklärt: „Mit so 'nem Bild find' ich, da kannst du tausend Sachen gleichzeitig mitteilen – da irgendwie mit 'nem Satz oder mit Formulierungen – ich weiß nicht."[338] Für sie hängen Fotos und Facebook eng zusammen: „Mir ist aufgefallen, als es diese Chronik halt gab - da kannst du ja schön alles gucken und am Anfang waren

---

[330] A., Interview 1, S. II.
[331] A., Interview 1, S. II.
[332] A., Interview 1, S. IIf.
[333] Vgl. A., Interview 3, S. XIX.
[334] A., Interview 4, S. XXVI.
[335] A., Interview 4, S. XXIX.
[336] A., Interview 4, S. XXIX.
[337] A., Interview 2, S. XI.
[338] A., Interview 2, S. XI.

halt nur Statusmeldungen und inzwischen sind es bei mir nur noch Bilder."[339] Für sie enthalten visuelle Informationen eine höhere Dichte, sie wirken „schneller als Worte, sind viel emotionaler und konkreter."[340]

Es zeigt sich, dass die Beweggründe des Postens von rein textbasierten Meldungen ähnliche sind wie beim Posten von Fotos. Statusmeldungen werden als weniger aussagekräftig als Bilder empfunden und daher von den Befragten, zum Beispiel Laura, weniger genutzt.

5.4. Interaktionen

In diesem Kapitel soll anhand der Aussagen der Interviewpartner überprüft werden, ob die von Facebook angebotenen Funktionen zur Markierung von Personen und Orten auf Fotos genutzt werden. Des Weiteren werden das Kommentieren von Fotos und die Rückmeldungen zu Fotos von Freunden und die damit verbundenen Gedanken untersucht.

Die Frage nach Markierungen von Orten oder Personen auf Bildern bei Facebook bejahen sowohl Nora und Tobias als auch Johannes. Johannes gibt an, dies zu tun, da es praktisch sei und er dann nicht viel erklären müsse: „[...] durch die Markierung ist es irgendwie selbsterklärend. Dann weiß jeder, wo das war und mit wem ich da war."[341] Tobias sagt, er markiere erst neuerdings Personen und Orte. Als Gründe gibt er an: „Weil es jetzt irgendwie einfacher geworden ist via Facebook [...], das ist immer ganz nett."[342] Laura markiert nur ab und zu Personen und Orte auf ihren Bildern. Sie sagt ebenfalls, dass Facebook es erleichtert, diese Angaben zu machen.[343]

Als Gründe für das Markieren von Fotos werden praktische Aspekte genannt. Die Befragten tun es, da auf der Plattform Facebook die Möglichkeiten durch den Seitenaufbau[344] gegeben sind. Darüber hinaus sind auch diese Angaben Formen von Kommunikation.

Einigen reicht das Markieren von Orten und Personen bei Facebook aus, um zu zeigen mit wem man wo unterwegs war, andere schreiben gerne noch kurze Kommentare zu

---

[339] A., Interview 2, S. XI.
[340] Siehe Boehme-Neßler (2010), Kapitel 3.1.
[341] A., Interview 3, S. XXII.
[342] A., Interview 1, S. I.
[343] Vgl. A., Interview 2, S. VIII.
[344] Wie in Kapitel 4.3 beschrieben.

ihren Fotos, mit verschiedenen Intentionen: Tobias findet es „langweilig"[345], nichts zu Fotos zu schreiben und diese einfach unkommentiert stehen zu lassen:

> „Also wenn ich 'n Foto mache, dann muss auch irgendwie zumindest ersichtlich sein, wo das ist und mit wem. Vielleicht auch noch was man darauf sieht und vielleicht auch noch einen lustigen Spruch, der auf dieses Bild zutrifft und eventuell irgendwie 'n bisschen zum Nachdenken anregt."[346]

Bei Laura findet sich nicht immer ein Kommentar zu ihren Fotos. Sie führt aus:

> „[…] manchmal find ich spricht das Bild für sich, wo man ist, manchmal schreibt man dazu, wo man ist, mit wem man ist – und die Intention… Frag' ich mich auch jedes Mal, wenn ich das mache, was so die Intention ist. Kann ich konkret eigentlich gar nicht beantworten. Das ist 'ne Form von Interaktion mit Leuten […]."[347]

Nora lässt ihre Fotos meist unkommentiert stehen,[348] erinnert sich jedoch an eine Ausnahme:

> „Also was ich mal gemacht hab, als ich mit 'ner Freundin von mir 'ne längere Reise gemacht hab und wir dann quasi auseinander gegangen sind […] und ich hab sie dann ewig nicht gesehen und ich hatte noch ein sehr schönes Foto von uns beiden und dann wollte ich ihr irgendwie noch mal Danke sagen für die schöne Zeit und dann hab' ich ihr halt das Foto an die Chronik gepostet und dann halt 'nen Kommentar dazugeschrieben […]. Das war dann eigentlich schon eher so 'n Postkarten-Ersatz, das stimmt dann schon, aber in dem Moment dann halt auch einfach weil es praktikabler und leichter zu machen war."[349]

Ob Fotos kommentiert werden und wenn ja, weshalb, ist bei den Befragten unterschiedlich. Tobias möchte mit seinen Kommentaren einen Bezug zum Bild herstellen, und wenn möglich sogar noch über den reinen Unterhaltungswert seines Fotos hinausgehen. Laura findet manche Bilder aussagekräftig genug und kommentiert sie daher nicht. Wenn sie ein Foto kommentiert, ist es für sie eine Form der Interaktion mit ihren Kontakten. In Bezug zur Interaktion sind an dieser Stelle erneut die Motive Selbstdarstellung und Identitätsgewinn zu nennen. Letzterer kommt besonders bei Rückmeldungen zu Fotos zum Tragen. Nora, die Fotos eigentlich unkommentiert stehen lässt, erinnert sich an ein Beispiel, bei dem sie zu einem Foto sogar einen längeren Text gepostet hat. Für sie war diese Mitteilung eine Art digitale Postkarte, die sie verschickt hat.[350]

Laut Irene Ziehe fügen sich Urlaubsfotos in die persönliche Biografie eines Urlaubers ein und werden als Dokumente ein Bestandteil dieser, wodurch sie zu Bedeutung gelan-

---

[345] A., Interview 1, S. V.
[346] A., Interview 1, S. V.
[347] A., Interview 2, S. VII.
[348] A., Interview 4, S. XXIX.
[349] A., Interview 4, S. XXIX.
[350] Auf das Thema Postkarten soll in Kapitel 5.7 noch genauer eingegangen werden.

gen.[351] Werden die Aufnahmen nach dem Ende einer Reise beschriftet oder mit kleinen Texten versehen, so spiegeln sie den Urlaub wie ein Tagebuch wider. Dank Facebook können nun Fotos bereits während einer Reise – vorausgesetzt der Nutzer hat die entsprechenden Endgeräte wie ein Smartphone oder einen Computer plus Internetzugang – beschriftet oder mit kleinen Texten versehen und in der Facebook-Chronik abgelegt werden. Mark Zuckerberg wünscht sich von dieser Chronik, dass sie als ein digitales Tagebuch fungiert, vom ersten Tag eines Menschenlebens an. Durch das Hochladen der Bilder in die eigene Chronik wird diese mit Inhalten gefüllt, wie die Seiten eines Tagebuchs. Facebook wird zu einem großen Buch des Lebens, das digital durchgeblättert werden kann.

Rückmeldungen zu seinen Fotos, zum Beispiel wenn andere User auf den *Gefällt mir*-Button klicken, empfindet Tobias als schön: „Weil man dann auf der einen Seite wahrscheinlich sagt: Ok, entweder ist der Moment so schön eingefangen oder das Foto ist einfach schön."[352] Er sagt, dass er aber nicht deswegen Beiträge poste.[353]

Laura hingegen gibt Rückmeldungen zu ihren Beiträgen als Grund für Postings an:

„Na, dafür postet man ja Bilder, dass ein Austausch darüber stattfindet. Das ist ja teilweise so die Intention. Teilweise werden die Bilder kommentiert, dann findet ein Austausch darüber statt. Entweder: Wo war das? Oder einfach nur Späße und ein paar Sprüche unter den Fotos. Falls irgendwie Fragen aufkommen dann geb' ich auch – ja dann erklär' ich auch was zu den Bildern, in Schriftform. Wo das war oder was genau los war in dieser und jener Situation."[354]

Johannes berichtet von seinen Kambodscha-Fotos, dass diverse Leute diese mit dem *Gefällt mir*-Symbol oder Kommentaren versehen haben. Er sagt: „Man kann daran sogar sehen, wie weit sie durch die Bilder gekommen sind."[355] Gegen Ende seiner über 500 Bilder werden die Rückmeldungen spärlicher. Nora empfindet die Rückmeldungen zu ihren Fotos wie Tobias als zweitrangig: „Joa, ist nett, aber auch irgendwie unwichtig."[356] Zu ihren Fotos sind bereits komplette Konversationen entstanden, wie sie noch von einer kürzlich geschehenen Situation weiß:

„Ich hatte ein Foto hochgeladen, wo ich im Urlaub war und das war witzig, weil da hab ich jemanden kennengelernt, der aus 'ner ganz kleinen Stadt in Irland kam und

---

[351] Siehe Ziehe (1999), Kapitel 3.2.
[352] A., Interview 1, S. III.
[353] Vgl. A., Interview 1, S. III.
[354] A., Interview 2, S. IX.
[355] A., Interview 3, S. XXI.
[356] A., Interview 4, S. XXV.

ein T-Shirt von der Stadt anhatte und aus der Stadt kamen halt auch Freunde von mir, die ich in Australien auf Fraser Island kennengelernt habe und da hab ich halt an die gedacht, hab das fotografiert und dann gepostet. Und dann kann man ja angeben: War mit so und so unterwegs – und dann hab ich die alle eingefügt, weil ich mit denen jetzt nicht so oft Kontakt habe und das war dann eine nette Erinnerung. Und da entstand dann so ein kleines Gespräch: ‚Wo bist du, was machst du, lange nicht gesehen, wann sehen wir uns mal wieder‘, so das Typische, aber halt auch alles so unverfängliche Kommentare.“[357]

Es zeigen sich unterschiedliche Herangehensweisen an Rückmeldungen auf Fotos und verschiedene Funktionen. In erster Linie ist die identitätsstiftende Funktion von Rückmeldungen zu nennen. Selten können diese so zahlreich gegeben werden, wie bei Facebook, eben weil Beiträge hunderten von Leuten zur Verfügung gestellt werden. Durch Rückmeldungen auf Fotos wird der Postende in seiner Aktion und somit in seiner Identität bestätigt. Identität ist durch die Übereinstimmung mit anderen unmittelbar erfahrbar. Laura gibt zu, Bilder unter anderem genau aufgrund der Rückmeldungen, die sie dafür bekommt, zu posten. Auch hier muss davon ausgegangen werden, dass sie mit ihren Bildern und Kommentaren dazu einen zielkonformen Eindruck hinterlassen möchte. Sie erklärt, dass Kommunikation mit den hochgeladenen Bildern bei Facebook eng verknüpft sei. Auch für Paul Hugger sind Erläuterungen zu Fotos und Fotoalben notwendig, damit diese von Betrachtern sinnig gedeutet und verstanden werden können.[358] Erst durch Erklärungen bekommen Fotos ihren eigentlichen Sinn. Sie werden aber nicht von allen vier Befragten gegeben, da teilweise davon ausgegangen wird, dass das betreffende Bild aussagekräftig genug ist.

Nora berichtet, dass zu einem von ihr geposteten Foto bereits ein ganzes Gespräch entstanden ist, wenn auch oberflächlicher Natur. Es zeigt sich, dass das Betrachten und Kommentieren von Fotos im Netzwerk wie das gemeinsame Betrachten eines Fotoalbums mit Freunden ist. Es wird sich ausgetauscht, nachgefragt, erklärt und zugestimmt. Johannes haben Rückmeldungen sogar verdeutlicht, wie weit sich seine Kontakte durch seine 536 Kambodscha-Fotos geklickt haben. Kommunikation ist nicht mehr nur individuell auf einer one-to-one-Ebene möglich, sondern geht auch über die one-to-many-Ebene hinaus, bei der ein Anbieter seine Inhalte vielen Nutzern präsentiert. Durch die Möglichkeiten, Fotos bei Facebook kommentieren zu können, entsteht eine many-to-many-Kommunikation, bei der sich alle Beteiligten untereinander austauschen kön-

---

[357] A., Interview 4, S. XXV.
[358] Siehe Hugger (1991), Kapitel 4.1.

nen.[359] Die Beteiligten sind in diesem Fall alle Kontakte einer Person, die Zugriff auf Profil und Beiträge haben. Kommunikation ist nicht mehr nur einsträngig, sondern wird zu einem Prozess mit vielen Akteuren.

Neben Selbstdarstellung, Bestätigung und der damit verbundenen Versicherung der eigenen Identität und Kommunikation spielt auch Aktualität beim Kommentieren von Urlaubsfotos eine Rolle. So können nicht anwesende Personen auf diese Weise direkten Einfluss auf die Reise nehmen, indem unter die Beiträge Tipps oder Hinweise zum aktuellen Urlaubsort geschrieben werden, der durch die Markierung des Ortes oder den Titel des Fotos meist deutlich wird.

5.5. Zielgruppe

Mit der Frage nach der Zielgruppe, an die sich die Facebook-Beiträge der Interviewpersonen richten, soll die Plattform auf die Konstrukte Öffentlichkeit und Privatheit und den Umgang mit ihnen untersucht werden. Sie sind eng an das Thema Fotografie geknüpft. Zu diesem Zweck wird zunächst gefragt, ob die vier befragten Facebook-Nutzer die Sichtbarkeit ihrer Beiträge, insbesondere ihrer Fotos, einschränken. Die Antworten fallen ähnlich aus. Jeder der Vier hat seine Beiträge für Nicht-Kontakte gesperrt und stellt sie nur seinen Facebook-Freunden zur Verfügung. Personen, die nicht mit ihnen verknüpft sind, können die Beiträge nicht sehen. Innerhalb des Netzwerkes gibt es aber Unterschiede in der Nutzung. So sind Tobias' Bilder für alle seine 600 Kontakte zugänglich – bis auf zwei Familienmitglieder, für die er manche seiner Fotos sperrt.[360] Er sagt, er vergäße, welchen Umfang sein Netzwerk habe und er sich nicht immer bewusst darüber sei, mit wie vielen Leuten er gerade private Momente geteilt hat: „[…] ich habe jetzt glaub ich 600 Facebook-Kontakte und ich übersehe dann – wenn ich sage ich teile das mit meinen Freunden, dann hab' ich ungefähr 30, 40 Leute im Kopf, blende aber aus, dass das theoretisch 600 Leute sehen können."[361]

Lauras Fotos sind nur für einen auserwählten Kreis ihrer Freundesliste zugänglich, also längst nicht für alle mit ihr verknüpften Kontakte. Sie begründet ihr Vorgehen auf die Frage weshalb sie so agiert, folgendermaßen:

„Weil es teilweise Leute sind, die auch im realen Leben Freunde sind. Dann hast du Leute, die du kennst, wo du selber auch gerne den Kontakt pflegen möchtest und

---

[359] Siehe Konert;Hermanns (2002), Kapitel 1.6.5.
[360] Vgl. A., Interview 1, S. II.
[361] A., Interview 1, S. II.

dann hast du halt auch Bekannte, die eigentlich so Dinge, wie wo man gerade ist und was man macht und mit wem man unterwegs ist, nichts angehen."[362]

Sie berichtet von einem Beispiel, das ihr verdeutlicht hat, die Reichweite ihrer privaten Fotos sorgfältig zu begrenzen:

> „Ich hab' halt die Erfahrung gemacht, dass ich einen Facebook-Freund habe, wo eben keine regelmäßige Interaktion stattfindet, weil es eben von zu Hause der Nachbar ist und dann trifft man sich nach zwei, drei Jahren persönlich im realen Leben in der Stadt und dann fragt er: Wie geht's dir, was machst du und du bist ja auch viel unterwegs – ja hier Facebook und so. Und dann denkt man eben über die Sichtbarkeit der Fotos nach, ob man die wirklich mit jedem Menschen teilen möchte, mit dem man auf Facebook verknüpft ist."[363]

Manchmal lässt sie unbeteiligte Personen gar nicht an ihren Fotos teilhaben, sondern beschränkt diese auf einen kleinen Kreis: „Manchmal sehen es auch nur die Leute, die direkt dabei waren. Die beteiligt sind, quasi."[364] Johannes begründet die Einschränkung der Sichtbarkeit von Fotos damit, dass er niemanden bloßstellen möchte: „Man weiß ja nie ob man damit jemanden diskreditiert oder in blöde Situationen bringt. Dementsprechend muss man das auch einschränken."[365] Er sagt, dass es ihm bewusst sei, dass er seine Fotos bei Facebook mehreren hundert Leuten – also allen Kontakten in seinem Netzwerk – zugänglich macht. Für ihn ist dies aber in Ordnung, da Facebook für ihn auch berufliche Bedeutung hat.[366]

Nora hat ihr Profil zwar für Nicht-Kontakte gesperrt, aber keine weiteren Unterteilungen in ihrer Freundesliste gemacht, womit sie unter anderem das Hochladen von nur wenigen und ausgewählten Fotos begründet: „Ich hab' die Bilder schon für Freunde offen und ich bin halt zu faul, die Listen einzurichten, deswegen dann auch nur 'ne begrenzte Anzahl von Fotos."[367]

Es zeigt sich ein sehr sorgfältiger Umgang mit den eigenen Fotos, zumindest bei Nora, Laura und Johannes. Dass bewusst Menschen ausgeschlossen werden können, spricht für eine Pseudo-Öffentlichkeit, die Facebook generiert. Zwar werden Bilder nicht immer im kleinen Kreise belassen, sondern wie im Fall von Tobias mit 600 Menschen geteilt, allerdings sind auch dies alles Menschen, die er zumindest oberflächlich kennt und

---

[362] A., Interview 2, S. VIII.
[363] A., Interview 2, S. VIII.
[364] A., Interview 2, S. VIII.
[365] A., Interview 3, S. XVII.
[366] Vgl. A., Interview 3, S. XIX.
[367] A., Interview 4, S. XXIV.

seine Bilder sind somit nicht für Fremde zugänglich.[368] Laura selektiert gründlich und möchte die Privatheit ihrer Fotos größtenteils bewahren. Zwar zeigt sie sie auch Facebook-Kontakten, die während ihrer Reise nicht dabei waren, beschränkt sich dabei aber auf ihre Freunde und Bekannte, mit denen sie engeren Kontakt pflegt. Johannes ist sich des Publikums bewusst, mit dem er seine Fotos teilt. Schließlich nutzt er die Plattform auch aus beruflichen Gründen und profitiert von den Vorteilen, die ihm der Schritt aus der Privatheit bietet. Nora selektiert die Fotos, die sie präsentiert stark und veröffentlicht nur Bilder, bei denen sie sich die Konsequenzen bewusst gemacht hat, wenn diese im Fokus ihres Netzwerks stehen. Wie bereits in Kapitel 5.1 angedeutet, möchte sie ihre Bilder nicht einer Netzgemeinde zur Verfügung stellen, die damit anfangen kann, was sie möchte, zum Beispiel die Bilder auf den eigenen PC laden und dadurch freie Verfügung zu haben. Sie möchte die Informationen über sich kontrollieren und über die Zugänglichkeit bestimmen.[369]

Der Begriff der Öffentlichkeit und auch der Terminus des Veröffentlichens sind im Zusammenhang mit Facebook definitorisch nicht ganz korrekt, da Inhalte nicht mit Unbekannten geteilt werden und die Umwelt auch nicht unüberschaubar ist. Selbst wenn keine Einschränkungen der Fotos vorliegen und diese für jedes der eine Milliarde Facebook-Mitglieder sichtbar ist, so ist dieses Publikum immer noch insofern überschaubar, als alle diese Mitglieder auf der Plattform registriert und somit nicht anonym sind. Weiterhin können auch nicht alle Mitglieder der Gesellschaft an dieser Form der Öffentlichkeit teilnehmen. So ist der Zugang zu Facebook in China größtenteils durch die Regierung gesperrt. Gänzlich privat nach der Definition von Beate Rössler ist die Plattform Facebook aber auch nicht, denn die Kontrolle der Informationen obliegt nach dem Teilen mit anderen nicht mehr alleine dem Individuum, dass die Beiträge zur Verfügung gestellt hat, da andere Leute diese Fotos kopieren und für eigene Zwecke nutzen können. Kontrolliert sind die Informationen nach der informationellen Privatheit zwar im Moment des Teilens mit anderen Kontakten alle, da User selbst bestimmen, was sie preisgeben und was nicht. Allerdings kann beim Präsentieren von Urlaubsbildern vor hunderten von Menschen nicht mehr von einer privaten Vorführung gesprochen werden. Die Dimension von Privatheit ist kleiner und bezieht sich auf die Familie oder enge Bezugspersonen des Subjekts. Auch die lokale Privatheit ist nicht erfüllt.

---

[368] Siehe Gerhards; Neidhardt (1990), Kapitel 1.6.4.
[369] Siehe Rössler, zitiert nach: Ritter (2008), Kapitel 1.6.5.

Für das soziale Netzwerk Facebook ist es schwierig, eine klare Grenze zwischen Privatheit und Öffentlichkeit zu ziehen. Diese verschiebt sich von Nutzer zu Nutzer, je nach Einstellung, wer Beiträge sehen kann. Es kann von einer Pseudo- oder Semi-Öffentlichkeit gesprochen werden. Aufgrund der kontrollierten Veröffentlichung in einem semi-privaten Rahmen – und der Einbruch des Öffentlichen ins Private wird schon von Roland Barthes beschrieben – muss von einer besonders extremen und kontrollierten Form der Selbstdarstellung ausgegangen werden. Wie sich zeigt, ist der Zusammenhang zwischen der Grenzverschiebung von Öffentlichkeit und Privatheit und der Onlinekommunikation[370] sehr groß, denn Räume sind nicht mehr eindeutig definiert.

5.6 Archivierung und Aufbereitung

Unter dem Gesichtspunkt der Archivierung und Aufbereitung von Fotos sollen die Antworten der Befragten ausgewertet werden. Dabei soll untersucht werden, in welcher Form Fotos aufbewahrt werden und ob und wenn ja, wann und wie Bilder nach dem Urlaub präsentiert werden. Dies ist schließlich noch Teil der Reise und schließt diese erst ab.[371]

Die Archivierung der Reisebilder fällt bei allen Befragten recht ähnlich aus. Tobias speichert die Urlaubsfotos, die er mit seiner Spiegelreflexkamera geschossen hat, auf dem Computer. Er druckt sich aber nur eine kleine Auswahl der Fotos aus: „Also nicht alles was bei Facebook ist, druck' ich aus. Weil es dann erstens ins Geld geht und zweitens – ja weiß ich nicht. Macht nicht so den Sinn alle Fotos auszudrucken. Hast die ja trotzdem noch digital. Aber ist immer schöner 'was in der Hand zu haben."[372] Weiterhin sagt er zur Aufbereitung besonders schöner Fotos: „[Ich] häng mir das an so 'ne Fotoleine dran – dann klemm ich die da dran, oder halt in 'nen Rahmen."[373] Darüber hinaus hat er eine Schachtel, in der er ausgedruckte oder entwickelte Bilder aufbewahrt.[374]

Laura, die nicht nur digitale sondern auch zwei analoge Kameras besitzt, lässt die Bilder nach dem Urlaub entwickeln und bewahrt sie in einer Kiste auf: „[…] vielleicht schaff' ich's draufzuschreiben wann es und wo es war, auf den Umschlag von den Bildern und dann kommen die aber auch so in die Kiste. Die werden jetzt nicht noch mal extra in

---

[370] Siehe Konert; Hermanns (2002), Kapitel 1.6.5.
[371] Siehe Fendl; Löffler (1995), Kapitel 1.1.
[372] A., Interview 1, S. II.
[373] A., Interview 1, S. II.
[374] Vgl. A., Interview 1, S. II.

Alben einsortiert.“[375] Die digitalen Fotos speichert sie auf dem Computer und druckt diese aber nur für einen bestimmten Anlass aus, wie sie sagt: „[…] wenn ich halt wirklich 'n Fotoalbum mache. […] Also wirklich Fotos ausdrucken, ausschneiden, aufkleben.“[376] Sie erklärt, dass diese Bücher häufig innerhalb ihres Freundeskreises verschenkt werden: „Das sind dann nicht wirklich Fotoalben, die man dann mitnimmt zu den Eltern, wie das früher war, sondern das sind dann Fotoalben für irgendwelche – als Geschenk, oder für bestimmte Gelegenheiten.“[377] Sie findet Alben mit von Hand eingeklebten Bildern schöner als digital erstellte Alben.[378]

Johannes hat auf seiner Kambodscha-Reise 32 000 Fotos geschossen und erklärt, was er mit dieser Datenmenge gemacht hat:

> „[…] das Archiv ist groß, die Auswahl ist klein. Die 500 Fotos bei Facebook sind einfach 'ne grobe Übersicht meiner Lieblingsbilder und die, die ich wirklich mag, die ich ausgedruckt hab und auf Leinwand gemacht hab – das liegt ungefähr so bei 25 Bildern, die ich von dieser ganzen Reise mitgenommen hab. Aber das sind auch Bilder, wo ich selber draufgucke und sage: Wow, das ist besonders!“[379]

Als Grund dies zu tun gibt er folgenden an: „Um die haptisch in der Hand zu haben. Das sind allerdings auch die Bilder, wo ich sage: Die guck' ich an und hab' sofort diesen Moment, diese Emotion die da war.“[380] Die restlichen Fotos liegen digital archiviert auf seiner Festplatte, was ihm aber auch Sorgen bereitet: „[…] das ist generell das Problem der digitalen Fotografie. Dass man kein wirkliches Archiv mehr hat, was unkaputtbar ist.“[381] Des Weiteren erstellt Johannes über ein Programm hochwertige Fotobücher, die er sich dann ausdrucken, binden und zuschicken lässt: „Nicht diese von DM für 20 Euro, sondern die kosten schon 120 Euro. Die sind mit 'nem Ledereinband und die haben auch A4 so … in Richtung A3 geht das Format. Pro Seite. Und das dann doppelseitig. Also die sind schon groß.“[382] Er erstellt diese Bücher für sich:

> „[…] das ist einfach 'n anderes Betrachten von Fotos. [...] Es ist immer wichtig was in der Hand zu haben. Es ist immer was anderes 'n Foto in der Hand zu haben, als sich das digital auf 'nem Monitor anzugucken. Selbst auf 'nem Tablet. Das ist viel zu schnell vergänglich.“[383]

---

[375] A., Interview 2, S. X.
[376] A., Interview 2, S. X.
[377] A., Interview 2, S. X.
[378] Vgl. A., Interview 2, S. X.
[379] A., Interview 3, S. XVII.
[380] A, Interview 3, S. XVII.
[381] A., Interview 3, S. XVIII.
[382] A., Interview 3, XX.
[383] A., Interview 3, XX.

Auch Nora archiviert ihre Bilder, indem sie auf ihrem PC Alben anlegt und „die schönen, da mach' ich Abzüge von und häng die mir dann an die Wand"[384], sagt sie.

Alle Befragten gehen ähnlich mit den von ihnen geknipsten Bildern um. Den Großteil
der Fotos speichern sie digital auf ihren Computern. Die Urlaubsbilder, die ihnen selbst
am besten gefallen werden entwickelt beziehungsweise ausgedruckt und in einer besonderen Form präsentiert, zum Beispiel an einer Fotoleine, an die Wand geklebt oder auf
Leinwand gezogen. Auch die nicht in dieser Form präsentierten Bilder werden teilweise
ausgedruckt und in Kisten und Schachteln aufbewahrt. Dies resultiert aus der großen
Menge an Fotos, die immer wieder auf Reisen geknipst und meistens nicht alle sortiert
werden. Einen Verzicht auf das Nacherleben der Reise bedeutet diese Art der Archivierung jedoch nicht.[385]
Der haptische Aspekt, also etwas in der Hand zu haben, ist für alle wichtig. Der Grund
dafür ist die fehlende stabile Substanz digitaler Bilder „jenseits ihres reproduzierbaren
binären Codes."[386] Sowohl Laura als auch Johannes erstellen Fotoalben mit ihren Urlaubsfotos. Johannes bevorzugt die digitale und Laura die klassische Variante, mit dem
Ausschneiden und Einkleben von Fotos.
Neben Fotoalben, Fotoleinen, Rahmen und Wänden ist Facebook ebenfalls ein Ort für
die Archivierung von Fotos. Bilder werden dort in eine Ordnung gebracht und die Reise
kann so für den Facebook-User jederzeit nacherlebt werden – dank Smartphones sogar
frei von unhandlichen Alben, schweren Rahmen oder gebunden an spezielle Räumlich-
keiten. Die Plattform Facebook speichert die Fotos und fungiert als Archiv.

Zur Aufbereitung von Fotos gehen die Meinungen der Befragten auseinander. Tobias
empfindet das persönliche Zeigen von Fotos als antiquiert: „[…] das ist irgendwie so elternhaft angestaubt, wenn man sagt: Komm ich lad' euch ein, trinken ne Flasche Wein,
ihr dürft euch meine Urlaubsfotos angucken. Ist irgendwie so 'n Relikt aus den 70ern
mit Diashow und Diaprojektor und Käsewürfeln."[387] Nora hingegen pflegt genau dieses
Ritual, auch wenn sich die technischen Gerätschaften vom Diaprojektor hin zum Computer geändert haben:

---

[384] A., Interview 4, XXV.
[385] Siehe Ziehe (1999), Kapitel 4.1.
[386] Siehe Zierold (2006), Kapitel 3.1.
[387] A., Interview 1, S. II.

„Also ich mach dann so 'ne kleine Vorauswahl an Bildern – also wenn ich jetzt 3000 Bilder aus Australien hab, die will halt keiner sehen – dann also so die Highlights in 'nen kleinen Unterordner machen und dann mit 'nem Gläschen Wein zusammensitzen, kleine Diashow, zu den Bildern noch 'n bisschen was erzählen und dann einfach so als kleines Abendprogramm ein bisschen darüber quatschen.“[388]

Sie macht diese Abende sowohl mit ihren Eltern als auch mit ihren Freunden, wobei für ihre Eltern die Fotoauswahl eine etwas andere ist: „Also die exzessiven Partyfotos mit Bier und Zigaretten sind dann nicht unbedingt dabei. Dafür vielleicht ein bisschen mehr Landschaft, aber da ist jetzt nicht so der wesentliche Unterschied.“[389]

Auch Laura zeigt Fotos nicht nur bei Facebook sondern auch persönlich: „Es gibt am Computer 'ne ganz praktische Funktion und die heißt Diashow! Das mach' ich wirklich. Also ich hab' jetzt grad' letzte Woche noch mit meinen Eltern wirklich hier gesessen und Urlaubsbilder geguckt. […] Ich mach das auch mit Freunden.“[390]

Johannes hat seine Kambodscha-Bilder ebenfalls nicht nur bei Facebook präsentiert:

„Ich hab' die zwei Mal gezeigt. Einmal jetzt vor zwei Wochen, für Leute, die im Januar auch in Kambodscha Urlaub machen, um denen 'nen kleinen Eindruck zu zeigen, das waren so 60 Bilder oder so, da ging's ja auch mehr um Reiseplanung. Und einmal meiner damaligen Freundin hab ich die gezeigt.“[391]

Er sagt, dass es für ihn schwierig ist, die Bilder zu zeigen:

„[…] ansonsten hab' ich selber zu den Bildern immer noch nicht genug Abstand, um die richtige Auswahl zu treffen. Ist einfach noch zu präsent. Bis auf meine Creme de la Creme Auswahl ist da nix, wo ich sage: Das und das sind die Besten. Die müsste ich alle noch mal durchgehen.“[392]

Mündet die Erläuterung privater Fotoalben in ein Stück Lebensbericht,[393] so verhält sich das beim Präsentieren von Fotos per computergenerierter Diashow nicht anders, wie Nora sagt. Beim Betrachten der Fotos wird dazu erzählt und erläutert. Tobias empfindet die sogenannten Diaabende als antiquiert. Für ihn hat diese Präsentationsplattform für Urlaubsfotos die von Fendl und Löffler angesprochene negative Konnotation. Die Art seiner Fomulierung „Komm ich lad' euch ein […], ihr dürft euch meine Urlaubsfotos angucken“ und sein ironischer Tonfall bei dieser Äußerung[394] implizieren die Haltung,

[388] A., Interview 4, S. XXV.
[389] A., Interview 4, S. XXV.
[390] A., Interview 2, S. X.
[391] A., Interview 3, S. XVIII.
[392] A., Interview 3, S. XVIII.
[393] Siehe Hugger (1991), Kapitel 4.1.
[394] Die Ironie wird durch die Transkripte nicht deutlich, sondern entstammt meiner persönlichen Beobachtung während des Interviews.

die er gegenüber Diaabenden hat: „Ein in Langeweilestarre verbrachter Abend"[395], und den möchte er seinen Gästen nicht zumuten. Dass Diaabende für ihn „elternhaft angestaubt" sind, bestätigt ebenfalls das in seinen Augen „Altväterliche, ja Spießbürgerliche, das Altbekannte und Hausbackene, das Unzeitige und damit Unpassende."[396]

Nora hingegen zelebriert diese Abende und versucht, ihre Reisen durch die von ihr geschossenen Fotos für die Daheimgebliebenen in Szene zu setzen.[397] Sowohl sie als auch Johannes zeigen aber nicht immer alle geschossenen Fotos, sondern eine selektierte Auswahl. Nora beschreibt, wie sie für ihre Eltern die Partyfotos aussortiert. Auch hier kann wieder von Selbstdarstellung und einem zielkonformen Verhalten gesprochen werden – für ihre Eltern zeichnet sie ein anderes, braveres Bild ihrer Persönlichkeit als für ihre Freunde. Johannes hat sich für das Vorzeigen der Bilder auf eine kleine Auswahl beschränkt, da er nur einen Eindruck seiner Reise beziehungsweise des Landes Kambodscha vermitteln wollte. 32 000 Fotos wären für einen Diaabend zu viel. Diaabende sind dabei nicht mehr Diaabende per Definition, mit Diaprojektor und Dias, sondern bezeichnen ein „abendliches Beisammensein in privatem Rahmen" oder einen „Lichtbilderabend."[398] Die Betonung des privaten Rahmens ist an dieser Stelle entscheidend, da zu einem Diaabend nur eine kleine, ausgewählte Anzahl von Leuten eingeladen wird und diese Abende innerhalb der lokalen Privatheit, nämlich meistens zu Hause, an einem Ort, der dem Subjekt allein gehört oder über dessen Zugänglichkeit es bestimmt, abgehalten werden.[399] Dies ist ein entscheidender Unterschied zu Facebook – zwar hat jeder User sein Profil, über dessen Zugänglichkeit er bestimmen kann, allerdings gehört es auf der Makroebene zu einem von Mitarbeitern gesteuerten Unternehmen, das immer wieder im Visier von Datenschützern steht. Außerdem darf der persönliche, kommunikative Aspekt bei Diaabenden nicht außer Acht gelassen werden. So ist dieser nach Starl fest mit privater Fotografie verknüpft. Im Kreise von Freunden oder der Familie wird sich über die Bilder ausgetauscht. Persönliche Kommunikation und Interaktion ist immer direkter als der schriftliche Austausch auf einer digitalen Plattform. Sie formt „in gewissem Maße die Beziehungen der Personen untereinander"[400] und Fotos dienen als verbindendes Element.

---

[395] Siehe Fendl; Löffler (1995), Kapitel 4.2.
[396] Siehe ebd..
[397] Siehe Fendl; Löffler (1995), Kapitel 4.2.
[398] Siehe Kapitel 4.2.
[399] Siehe Ritter (2008), Kapitel 1.6.5.
[400] Siehe Starl (1985), S. 22.

5.7 Facebook vs. Postkarte

In diesem Kapitel soll anhand der Antworten der Befragten herausgefunden werden, ob diese im Zeitalter digitaler Kommunikation noch Postkarten von Reisen verschicken oder ob sie Urlaubsgrüße via Facebook vorziehen. Zudem sollen die Vor- und Nachteile der Kommunikationswege und ihre Unterschiede – insbesondere technischer Natur – herausgearbeitet werden.

Zunächst wurden dafür alle vier Interviewpartner gefragt, ob sie Postkarten verschicken, wenn sie auf Reisen sind. Alle Befragten bejahen, haben aber unterschiedliche Herangehensweisen und Einstellungen. Johannes, Laura und Nora bevorzugen den herkömmlichen Weg, nämlich eine Karte zu kaufen, zu beschriften und dann während der Reise in einen örtlichen Briefkasten zu werfen. Tobias hingegen hat für sich die mobile Anwendung *Kartensender* entdeckt, die er auf seinem Smartphone installiert hat und mit der er Postkarten erstellen und zur Versendung in Auftrag geben kann. Das Motiv ist dabei selbstfotografiert:

> „Das heißt, ich mach 'n Foto mit dem Handy, lade das in eine App, schreibe einen Text dazu, diese Datei wird nach Deutschland geschickt, auf der Vorderseite das Bild, auf der Rückseite den Text und dann wird diese Datei ausgedruckt und als Postkarte an den Empfänger, den ich vorher eingegeben habe, versendet."[401]

Der Preis pro Karte beläuft sich auf 1,50€. Als Grund, weshalb er diese App dem Auswählen von vorhandenen Karten am Urlaubsort vorzieht, gibt er die Motivwahl an: „[…] du hast halt dann irgendwie ein persönlicheres Motiv und musst nicht auf irgend'nen – aus der Auslage aus dem Kartenständer zurückgreifen, sondern kannst das Motiv selber irgendwie gestalten oder auswählen."[402] Seine letzten gekauften und selbst eingeworfenen Postkarten hat er im Jahr 2011 an Familienmitglieder verschickt, aus einem Griechenland-Urlaub.[403] Johannes spricht die fehlende Individualität gekaufter Postkarten ebenfalls an: „Find mal 'ne schöne Postkarte! Ich greif' nicht einfach ins Regal und nehm' mir da zwei, drei Postkarten raus. Also entweder muss das was lustiges sein oder irgendwas, was ich mit dieser Reise verbinde."[404] Und weiter: „Es gibt welche, die gut sind, keine Frage. Aber die sind mir nicht individuell genug. Es ist einfach 'ne Masse."[405] Er beschreibt die von ihm aus Kambodscha verschickten Motive: „Ich meine es waren welche vom Tempel, von Angkor Wat, diese Tempelanlagen, mit die-

---

[401] A., Interview 1, S. III.
[402] A., Interview 1, S. III.
[403] Vgl. A., Interview 1, S. IV.
[404] A., Interview 3, S. XX.
[405] A., Interview 3, S. XX.

sen Bäumen davor [...]. Mega klassisches Motiv! Und die anderen waren handgemalt."[406]

Tobias möchte seinen eigenen Blick auf den Urlaubsort an die Zuhausegebliebenen vermitteln und schwört daher auf Individualität. Die *imageries*[407], die er den Empfängern präsentiert, sollen seinen persönlichen Blickwinkel beinhalten. Er möchte die Sichtweise des Reiseziels nicht durch standardisierte Motive prägen.[408] Johannes hat zwar auch auf ein Motiv zurückgegriffen, das typisch für seinen Urlaubsort ist – die bekannteste und größte Tempelanlage Kambodschas – um den Zuhausegebliebenen zu versichern, dass er tatsächlich an diesem bestimmten Ort war. Er hat aber auch handbemalte Karten gekauft, die keine direkte touristische Sichtweise anhand bekannter Motive vermitteln.

Die Empfänger der Karten sind bei allen Befragten überwiegend Familienmitglieder. Tobias hat die mithilfe seiner Smartphone-Anwendung entstandenen Karten zuletzt an seine Eltern, seine Großeltern und die Großeltern und Eltern seiner Freundin geschickt, mit der er im Urlaub war. Johannes bedenkt meist seine Großmutter und seine Schwestern und schickt zusätzlich noch Karten an zwei, drei enge Freunde.[409] Auch Laura sendet zusätzlich zu ihren Eltern, ihrer Großmutter und ihrem Onkel noch Karten an ihren Freund, ihre WG-Mitbewohner und an ausgewählte Freunde: „Es sind 'n paar Freunde, die 'ne Postkarte bekommen, weil die selber Postkarten schreiben. Also es gibt so einen kleinen Postkarten-Kreis so, und in diesem Postkarten-Kreis werden mit großer Leidenschaft Postkarten verschickt, egal wo man ist."[410] Nora schreibt aus jedem Urlaub Postkarten. Ihre Großmutter bekommt eine und ein Freund, mit dem sie sich schon seit Jahren Karten schreibt, wenn einer von beiden im Urlaub ist sowie bestimmte weitere Freunde: „[...] wenn ich weiß, dass Freunde 'nen speziellen Bezug zu dem Ort haben, dann schick ich halt auch 'ne Postkarte."[411] Ihren Eltern schickt sie in der Regel keine, da sie mit ihnen während des Urlaubs per Telefon, SMS oder E-Mails in Kontakt steht.[412]

Es fällt auf, dass Postkarten überwiegend an Familienmitglieder wie Eltern oder Großeltern versendet werden. Nur auserwählte Freunde erhalten Postkarten, wenn überhaupt.

---

[406] A., Interview 3, S. XXf.
[407] Vgl. Frank (2011), Kapitel 3.2.
[408] Vgl. Kapitel 3.2 und 3.3 zum vorstrukturierten Blick des Reisenden durch Postkarten und Fotografie.
[409] Vgl. A., Interview 3, S. XVI.
[410] A., Interview 2, S. XI.
[411] A., Interview 4, S. XXVII.
[412] Vgl. A., Interview 4, S. XXVI.

Tobias würde Freunden keine Postkarten schicken, da er weiß, dass er sie auch so errei-chen kann, „über digitale Medien."[413] Auch Laura verschickt nur eine begrenzte Anzahl von Karten an Freunde und greift für die Urlaubsgrüße an alle weiteren auf Facebook zurück: „[…] ich hab dann auch keine Lust jetzt an 20 Leute Postkarten zu schreiben. […] Ist halt angenehmer da."[414] Postkarten sind also etwas Exklusives, was entweder an besondere Freunde gesendet wird, die einen Bezug zum Urlaubsort haben oder an Freunde, von denen man im Gegenzug auch regelmäßig Karten erhält, sagen Laura und Nora. Auch Personen, die keinen Facebook-Account haben, wie es bei Eltern oder Großeltern häufig der Fall ist, bekommen Karten, wie auch Nora auf die Frage weshalb sie Postkarten verschickt, antwortet: „Also grade jetzt für ältere Leute wie meine Oma, die ja keine Chance haben wirklich was mitzubekommen, wenn ich dann länger unter-wegs bin – weil man eigentlich find ich viel zu selten Post bekommt und ich das schön finde."[415] Wenn aber die Möglichkeit besteht den einfachen und preisgünstigen Weg zu wählen, nämlich Grüße digital zu versenden, so wird diese Möglichkeit insbesondere in Bezug auf Freunde vorgezogen.

Tobias sagt, dass die Freude, die er bei seinen Eltern und Großeltern mit seinen Karten auslöst, einer der Gründe für das Versenden von Karten sei und begründet dies folgen-dermaßen: „Ist ja auch deren Generation. Die sind ja damit aufgewachsen. Die finden das bedeutsamer, als wenn wir uns Postkarten schicken."[416] Er unterstellt somit, dass Postkarten für jüngere Generationen an Bedeutung verloren haben. Laura schreibt ihre Karten ebenfalls aus dem Grund, dass diese Freude auslösen:

> „Großeltern und Eltern freuen sich darüber eigentlich. Also ich freu mich selber auch, wenn ich Postkarten bekomme, egal woher und ich weiß, dass meine Eltern oder gerade auch meine Oma, die freut sich halt drüber, wenn sie quasi so 'nen Gruß aus dem Urlaub bekommt."[417]

Auch Nora verschickt Postkarten, da sie sich selbst immer freut, wenn sie eine erhält.[418] Aus dem Gedanken an das eigene positive Gefühl beim Empfangen von Postkarten ent-steht die Motivation, ebenfalls Karten zu versenden. Gegenseitigkeit spielt eine große Rolle, ebenso das Bedürfnis, den Daheimgebliebenen eine Freude zu machen und sie ein Stück weit an der Reise teilhaben zu lassen. Dank des Kartenmotivs erhalten sie ei-

---

[413] A., Interview 1, S. III.
[414] A., Interview 2, S. XI.
[415] A., Interview 4, S. XXVI.
[416] A., Interview 1, S. V.
[417] A., Interview 2, S. XI.
[418] Vgl. A., Interview 4, S. XXVI.

nen visuellen Eindruck des Urlaubsortes und einen Gruß von der Reise mit ein paar Informationen.

Johannes verschickt auf Grund der ihm selten gefallenden Motive und eigener Bequemlichkeit[419] selten Postkarten, zieht sie aber prinzipiell jeder anderen Form von Urlaubsgrüßen vor, da er sie im Vergleich zu anderen Formen von Urlaubsgrüßen als persönlicher empfindet.[420] Die anderen Befragten gehen ebenfalls auf diesen Unterschied ein, so sieht auch Laura den Unterschied zwischen Grüßen via Facebook und einer Postkarte in der persönlichen Ansprache: „[…] wenn du 'ne Postkarte bekommst, ist es ja wirklich personalisiert. Es steht quasi dein Name, deine Adresse drauf, da hat sich jemand Zeit genommen, sei es nur 'ne Minute, einen kurzen Text zu schreiben."[421] Nora benennt den gleichen Aspekt:

> „Eine Postkarte ist halt personalisiert, geht nur an eine Person und ich möchte bestimmten Personen damit eine Wertschätzung entgegenbringen, dass ich an sie gedacht habe und ihnen 'ne Postkarte schicke. Und dann sind da eben auch Leute, die nicht bei Facebook sind und – also zum anderen find ich geht's bei Facebook auch einfach unter. Es gibt ja so viele Fotos und Statusmeldungen die man pro Tag halt neu bekommt […]."[422]

Auch Tobias spricht die Kurzlebigkeit von Facebook-Nachrichten an:

> „Der Unterschied besteht darin, dass eine Facebook-Nachricht in dem Sinne – es ist alles viel kurzlebiger, ne. So schnell, wie du die geschickt hast, so schnell kommt die auch an und so schnell kannst du die wieder vergessen, weil jeder weiß, dass es so schnell passiert. In 'ner Minute kann das geschehen sein. Wenn du im Gegenzug jetzt irgendwie 'ne Postkarte kaufst oder selber das Foto machst und 'n Text schreibst, dann steckt da irgendwie 'n bisschen mehr Arbeit hinter und dann weiß ich nicht, dann – ja, fühlt man sich geschmeichelt wenn man irgendwie 'n bisschen mehr Arbeit auf dem Papier oder auf der Postkarte sieht."[423]

Er sieht den Mehraufwand im Verschicken von Postkarten im Vergleich zum Versenden digitaler Fotos: „Jeder weiß, dass das mehr Arbeit ist, als immer zwei Knöpfe zu drücken und 'n Foto nach Deutschland zu schicken."[424]

Johannes empfindet Postkarten ebenfalls als das langlebigere Medium:

> „Ich hab Postkarten von als ich zehn war, die lagern immer noch bei mir im Archiv, mehr oder weniger, und ich kann die immer wieder rausholen. In dieser E-Mail-Facebook Flut kannst du die nämlich nicht mal eben wieder rausholen. Da sagst du:

---

[419] Vgl. A., Interview 3, S. XX.
[420] Vgl. Interview 3, A., S. XVI.
[421] A., Interview 2, S. XII.
[422] A., Interview 4, S. XXVII.
[423] A., Interview 1, S. IV.
[424] A., Interview 1, S. IV.

Hey, nettes Foto – und dann vergisst du es recht schnell, aber bei 'ner Postkarte sagst du: Cool! Liest die Nachricht noch mal durch, schaust dir das Motiv an....“[425]

Erste Unterschiede, die zwischen Postkarten und Facebook genannt werden, beziehen sich auf die persönliche Ansprache, die für alle bedeutsam ist. Tritt bei Facebook, zumindest beim Posten von für alle sichtbaren Nachrichten die one-to-many- oder sogar many-to-many-Kommunikation – zumindest wenn Postings noch von anderen kommentiert werden – in den Vordergrund, so ist ein Urlaubsgruß per Postkarte rein individuell, richtet sich nur an eine Person und ist somit nicht öffentlich. Postkarten sind eine private Form der Kommunikation, da sie nur einen Empfänger haben und das hauptsächliche Versenden an Familienmitglieder unterstreicht die Privatheit, die im ursprünglichen Sinne an das Konstrukt der Familie geknüpft war.[426] Onlinekommunikation richtet sich eher an Freunde, passend zu der Grenzverschiebung von Privatheit, die mit ihr einhergeht.[427] Die Familie möchten die Befragten in einem privaten Kontext belassen, die Kommunikation mit Freunden ist offener.

Weiterhin wird die Kurzlebigkeit digitaler Kommunikation angesprochen, und dass Nachrichten bei Facebook zwischen allen anderen Meldungen schnell untergehen. Nicht nur auf digitale Fotos trifft die von Zierold beschriebene fehlende Substanz jenseits des „reproduzierbaren binären Codes“ zu.[428] Postkarten werden, wie von Holzheid beschrieben, für eine entschleunigte Kommunikation genutzt, bewusst frei von digitaler Schnelllebigkeit. Johannes gibt an, noch Postkarten aus seinem zehnten Lebensjahr zu haben, was für eine gewisse Langlebigkeit des Mediums spricht.

Die Befragten nutzen beim Versenden von Postkarten wohl überlegt den klassischen Weg, Urlaubsgrüße zu senden, mit dem für sie auch eine Form der Wertschätzung verbunden ist. Schließlich erhalten nur ausgewählte Personen Karten. Es spricht also dafür, dass es als Aufwand empfunden wird, Postkarten zu versenden, der aber für Familienmitglieder und besondere Freunde gerne auf sich genommen wird.

Johannes und Tobias sehen einen weiteren Unterschied zwischen Urlaubsgrüßen per Facebook und per Postkarte und zwar den der Haptik. Für Johannes ein Grund, der gegen Facebook spricht:

„[…] du hast nix in der Hand, du hast keine Haptik und du hast eigentlich nur ein digitales Abbild. Was du auf dem Monitor hast ist immer nur digital greifbar. Du

---

[425] A., Interview 3, S. XVI.
[426] Siehe Konert; Hermanns (2002), Kapitel 1.6.5.
[427] Siehe ebd..
[428] Siehe Zierold (2006), Kapitel 3.1.

kannst es dir also nicht an den Kühlschrank pinnen, du kannst es dir nicht irgendwohin machen."[429]

Auch Tobias sieht diesen haptischen Unterschied beim Empfangen von Postkarten im Gegensatz zu Facebook-Nachrichten:

> „Weil man's anfassen kann. Das ist wirklich der einzige Grund. Weil man's anfassen kann und weil man's sich theoretisch schon ausgedruckt irgendwo hinhängen kann. Die andere Postkarte siehst du nur, wenn du den Computer anmachst. Die andere Karte kannst du dir in dein Zimmer hängen, und wenn du morgens aufwachst, siehst du die."[430]

Die technologische Materialisierung spielt auch hier eine Rolle. So sind auf Papier oder Pappe gedruckte Karten ein anderes Speichermedium von Botschaften als digitale Internetplattformen, deren Substanz jenseits ihres binären Codes instabil ist. Die Urlaubsgrüße in der Hand zu halten fühlt sich real an. Digitalen Urlaubsgrüßen schreibt Johannes zwar die Vorteile zu, schnell und günstig zu sein,[431] sie bringen aber keine Geschichte mit, so wie Postkarten:

> „Die musst du irgendwo abgegeben haben, das heißt da kommt 'ne Briefmarke drauf, da ist der Poststempel drauf, im Zweifelsfall steht da 'n Datum und die muss natürlich auch durch Millionen Hände gegangen sein und im Regelfall kommt die, wenn du das so machst wie ich, von der anderen Seite der Welt, dann kommt die drei Monate später an. [...] Und dementsprechend sehen die also auch aus. Die sind abgegriffen, du hast da Flecken drauf [...]."[432]

Die von Tobias versendeten Karten haben diese Attribute nicht, da sie nicht im Urlaubsland abgegeben, sondern digital nach Deutschland an ein Unternehmen, das als Druckdienstleister fungiert, geschickt und in die Post gegeben werden. Für ihn ist es aber die schönste Art Urlaubsgrüße zu versenden: „Mir geht's eher darum, dass ich ein Motiv habe, was persönlicher ist. Und das ausgedruckt und dazu noch ein persönlicher Text, das ist für mich die ideale Postkarte."[433] An dieser Stelle muss vermerkt werden, dass es sich bei dem Text nicht um Tobias' persönliche Handschrift, sondern um gedruckte Buchstaben handelt. Das selbstfotografierte Motiv der Postkarte hat für ihn also einen höheren Stellenwert als die von Hand geschriebene Nachricht.

Ein weiterer Unterschied für Johannes ist die Besonderheit der Nachricht, die nur einmal geschrieben und nicht wie in digitalen Texten immer wieder korrigiert werden

---

[429] A., Interview 3, S. XV.
[430] A., Interview 1, S. IV.
[431] Vgl. A., Interview 3, S. XV.
[432] A., Interview 3, S. XV.
[433] A., S. IV.

kann: „[…] du überlegst bei ’ner Postkarte auch ganz anders, was du für ’ne Nachricht schreibst. Musst dir genau überlegen, was du da drauf schreibst. Mach ich jetzt den 08/15 Standardtext, schreib ich wirklich was Persönliches drauf […].“[434] Dieser Aspekt zählt zum bewussten Aufwand, der zum Versenden von Postkarten gehört. Johannes empfindet Postkarten als wertvoll, da sie einen weiten Weg hinter sich haben, wenn sie in Deutschland ankommen. Im Vergleich zum Internet, wo Urlaubsgrüße quasi live versendet werden können, erreichen Postkarten ihre Empfänger zeitverzögert, wie Johannes anmerkt: „Also die Postkarten, die ich aus Kambodscha verschickt habe, sind – ich glaub 6 Wochen nachdem ich schon wieder in Deutschland war, erst angekommen.“[435] Das schnellste Kommunikationsmittel sind Postkarten also definitiv nicht mehr. Wurden Postkarten nach ihrer Einführung als „zeitgemäße Vereinfachung der schriftlichen Kommunikation“[436] beworben, so heißt die zeitgemäße Vereinfachung heutzutage Facebook. Volkskundlerin Karin Walter bezeichnet die Postkarte als ein „Kind ihrer Zeit, die Funktion bestimmt die Form“[437] – die gesunkenen Zahlen der versendeten Postkarten sprechen dafür, dass sie zumindest als Kommunikationsmittel ausgedient hat. Jedoch werden ihnen viele positive Aspekte zugesprochen und sie werden von allen vier Befragten noch regelmäßig verschickt. Sie fungieren als bewusste Aufmerksamkeit für Menschen, zu denen ein besonderer Bezug besteht oder zu Familienmitgliedern, die meist keinen Facebook-Account haben. Auch wird innerhalb der Familie die Privatheit gepflegt und Grüße daher nur individuell versendet.

Werden Postkarten der Eltern- und Großelterngeneration zugeschrieben wie Tobias sagt, so kann Facebook als das Medium seiner Generation beschrieben werden.

5.8. Weitere Mittel der Urlaubsberichterstattung

In diesem Kapitel soll erläutert werden, welche Möglichkeiten die Befragten noch nutzen, um Grüße aus dem Urlaub an Daheimgebliebene zu senden. Des Weiteren wird insbesondere die Verwendung von Instagram, das von allen vier Befragten erwähnt wird, betrachtet. Die Besonderheiten Facebooks sollen sich durch den Vergleich mit dem Fotodienst deutlich herauskristallisieren.

Instagram wird von den Gesprächspartnern regelmäßig genutzt, um Fotos zu bearbeiten und sie dann mit den Kontakten, die sie bei Instagram haben, zu teilen.

---

[434] A., Interview 3, S. XV.
[435] A., Interview 3, S. XV.
[436] Siehe Holzheid (2011), Kapitel 3.3.
[437] Siehe Walter (1995), Kapitel 3.3.

Tobias bewertet Instagram als positiv, da dort nur das Bild zählt, wie er sagt:

„Von Instagram bin ich 'n sehr großer Freund, weil irgendwie da nur das Bild an sich spricht, ohne, dass man da großartig Kommentare oder so was darunterschreiben muss, sondern es geht vielmehr um das Bild selber, als um den – weiß ich nicht – als um den Ort. Ich kann' da jetzt tausend Fotos suchen von Leuten, die an der Golden Gate Bridge beispielsweise waren, aber es ist auf das Bild begrenzt. Es geht da jetzt weniger darum zu zeigen: Oh, ich war mit dem und dem, da und da.“[438]

Auch Nora betont die für Instagram typische Besonderheit, dass es wie Tobias bereits sagte „um das Bild selber“[439] geht: „Und das hat für mich auch mehr so ne – also künstlerisch ist übertrieben, aber wo man dann vielleicht auch mal ein Foto postet, was irgendwie gut gelungen ist oder was einfach ein gutes Motiv hat, was jetzt aber überhaupt keine Bedeutung hat.“[440] Laura nutzt Instagram insbesondere wegen der Filter, die über Bilder gelegt werden können,[441] ebenso Johannes:

„Instagram ist nicht einfach nur das blöde Handyfoto, welches an sich qualitativ minderwertig ist, sondern es ermöglicht mir, durch die Effekte diese Minderwertigkeit wieder rauszuziehen und hat den Vorteil, dass du einen schnellen künstlichen Eingriff darein bringen kannst. Im Prinzip deine eigene Note darein bringen kannst.“[442]

Diese Aussagen machen deutlich, dass bei Instagram ein künstlerischer Aspekt der Fotografie im Vordergrund steht. Es geht nicht um Bilder als Erinnerung oder Reisebeweis, sondern um Bilder als Kunstobjekte. Beiträge bei Instagram sind rein visuell, die Bilder sind aussagekräftig und funktionieren auch ohne Kommentar.

Dass alle Befragten die Plattform nutzen spricht dafür, dass Bilder nicht nur zu privaten Erinnerungszwecken geschossen werden, sondern auch, um sie künstlerisch auf einer Plattform zu präsentieren. Durch reduzierte technische Möglichkeiten ermöglicht Instagram keine andere Kommunikationsform als das Posten von Bildern, diese können aber durch angebotene Bearbeitungsmöglichkeiten aufgewertet werden. Schnappschüsse oder Handyfotos, die Johannes als qualitativ minderwertig bezeichnet, können auf diese Weise ganz leicht kunstvoll und professionell wirken. Die eigene Note, die Johannes anspricht, kann die Abgrenzung von standardisierten Motiven und somit ein Erfahren der eigenen Identität durch die Unterscheidung von anderen bedeuten.

---

[438] A., Interview 1, S. VI.
[439] A., Interview 1, S. VI.
[440] A., Interview 4, S. XXVII.
[441] Vgl. A., Interview 2, S. XIII.
[442] A., Interview 3, S. XXII.

Ein weiteres Kommunikationsmittel, das zum Beispiel von Nora und Laura genutzt wird, sind E-Mails. Laura sagt: „Also ich schreib' sowohl E-Mails mit Fotoanhang an meine Eltern, weil ich die nicht über Facebook erreiche und einfach als Gruß. Bin grad da und da, mir geht's gut."[443] Anhand ihrer Aussage zeigt sich, dass E-Mails eine Möglichkeit für Urlaubsgrüße bieten, wenn Personen nicht bei Facebook angemeldet sind. E-Mails sind aber auch eine klare Form der one-to-one-Kommunikation und in der Sphäre der Privatheit angesiedelt. Der Fotoanhang vermittelt dabei den visuellen Eindruck des Urlaubsortes und lässt die E-Mail zu einer Art Postkarte – einer E-Card – werden. Allerdings fehlen sowohl die Haptik als auch die Geschichte, die die Karte mitbringt. Dafür ist sie binnen Millisekunden übertragen, wenn auch immer an einen Internetzugang geknüpft.

Nora gibt als weiteres Kommunikationsmittel um aus Urlauben zu grüßen die SMS an, für die kein Internetzugang notwendig ist. Ebenfalls verwendet sie den Dienst WhatsApp, der wie in der Einleitung erwähnt das kostenlose Versenden von Text- und Bildnachrichten via Smartphone ermöglicht. Auch hierfür ist ein Internetzugang nötig. Nora sagt über WhatsApp, dass sie mit dieser Anwendung viele Fotos verschickt,

> „auch mal zum neidisch machen und einfach aus Spaß, wenn man halt grad was Cooles erlebt hat, was man gern mit speziellen Freunden teilen möchte, weil da irgendwie ein Bezug da ist oder einen das an jemanden erinnert […]."[444]

Nora nutzt WhatsApp als Kommunikationskanal. Sie lädt nur unregelmäßig Fotos bei Facebook hoch und nutzt daher die persönliche one-to-one-Kommunikation, um Fotos der schönen Orte zu versenden, an denen sie ihren Urlaub verbringt. Sie verzichtet dabei auf eine öffentliche Selbstdarstellung sondern richtet sich nur an bestimmte Freunde, mit denen sie engeren Kontakt pflegt, als mit ihren mehreren hundert Facebook-Kontakten. Sie möchte schöne Momente teilen und auch Neid erzeugen, indem sie Fotos von Reisen an Daheimgebliebene versendet, die ihrem Alltag nachgehen. Auch Laura nutzt WhatsApp und E-Mail-Programme zum Versenden von Urlaubsgrüßen, um ihren Freunden zu verdeutlichen, dass es ihr gut geht und sie darüber auf dem Laufenden zu halten, was sie macht.[445]

---

[443] A., Interview 2, S. VII.
[444] A., Interview 4, S. XXVII.
[445] Vgl. A., Interview 2, S. XI.

Johannes kommuniziert via WhatsApp, verzichtet aber auf das Versenden von Urlaubs-fotos über diesen Dienst.[446]

Es zeigt sich, dass es zusätzlich zu Facebook diverse andere Möglichkeiten gibt, aus dem Urlaub zu grüßen und auch Fotos zu präsentieren. Alle Befragten sind mit einem technischen Gerät ausgestattet, um theoretisch von unterwegs E-Mails zu versenden oder Bilder via WhatsApp zu verschicken. Dass sie sich aber trotzdem dafür entschei-den, Urlaubsfotos und -grüße bei Facebook zu veröffentlichen, kann damit erklärt wer-den, dass die Reichweite bei Facebook eine größere ist. Beiträge können von mehr Menschen gesehen und dementsprechend auch häufiger kommentiert oder mit dem *Ge-fällt Mir*-Button versehen werden. Soziale Rückmeldung, Selbstdarstellung und die Versicherung und Erfahrung von Identität spielen eine große Rolle bei der aktiven Nut-zung der Plattform Facebook.

Die Ergebnisse der Analyse sollen nun in einem Fazit zusammengefasst werden. Die verwendete Methode wird daran anschließend kritisch betrachtet. Im darauffolgenden Ausblick werden weitere Forschungsfragen, die im Verlauf der Untersuchung entstan-den sind, formuliert.

---

[446] Vgl. A., Interview 3, S. XXI.

Schlussbemerkung

6. Fazit

Anhand der geführten und im Anschluss ausgewerteten Interviews soll nun die eingangs gestellte Forschungsfrage beantwortet werden:

Welche Möglichkeiten bietet das soziale Netzwerk Facebook zur Berichterstattung über Urlaubsreisen und wie nutzen User diese im Vergleich zu anderen Instrumenten?

Die Ergebnisse der Interviewauswertung verdeutlichen die Interdisziplinarität des Themas. Identität, Selbstdarstellung, Öffentlichkeit, künstlerischer Anspruch, Bequemlichkeit der Handhabung und die schnelle und problemlose Information sind die entscheidenden Stichworte, die erklären, wieso Menschen auf klassische volkskundliche Mittel wie Postkarten oder Fotoalben mehr und mehr verzichten und auf moderne, digitale Möglichkeiten zurückgreifen. Selten war es leichter, jederzeit zu fotografieren und die Ergebnisse sofort zu präsentieren, da Smartphones dies ermöglichen. Sie vereinen Kamera, Internetzugang und meist auch noch die Facebook-Applikationen in einem Gerät, sodass Bilder direkt nach dem Knipsen hochgeladen werden können.

Mit dem Berichten direkt aus dem Urlaub geht aber eine zeitliche Verschiebung im Vergleich zu traditionellen Kommunikationsformen einher. So werden Bilder nicht erst nach dem Urlaub sortiert und präsentiert, sondern können noch während der Reise mit Daheimgebliebenen geteilt werden. Auch per Instagram, WhatsApp oder E-Mail können mit wenig Aufwand und binnen kürzester Zeit eine Nachricht oder ein Bild aus dem Urlaub versendet werden. Durch Kommentare bei Facebook und die ständige Möglichkeit des sozialen Austauschs, bildet sich dadurch für die Urlaubsberichterstattung eine neue Komponente heraus, die für Reisende vor der Jahrtausendwende keine Rolle gespielt hat. Eine Voraussetzung, die an das Hochladen von Bildern bei Facebook geknüpft ist, ist eine funktionierende Internetverbindung, die besonders für Smartphone-Nutzer meist via WLAN zur Verfügung steht. Durch WLAN Zugänge an vielen Orten auf der ganzen Welt ist ein steter und kostengünstiger Kontakt aus dem Ausland möglich und das Verhältnis zwischen den Zuhausegebliebenen und den Reisenden hat sich verändert. Jedoch spielt das Thema Zugang nicht nur bei der Internetverbindung in der Ferne eine Rolle. Auch das entsprechende Gerät und ebenso ein Facebook-Account sind entscheidende Voraussetzung für das Präsentieren von Fotos und das Posten von Beiträgen während und nach der Reise. Dank Smartphones ist besonders die Kombination aus Fotografieren und anschließendem Hochladen bei Facebook während der Reise kein Problem mehr, da ein Gerät all dies ermöglicht.

Dass Fotos nicht mehr erst nach dem Urlaub entwickelt und gezeigt werden, bedeutet einen anderen Schritt der Reflexion des Urlaubs. Bereits während der Reise kann der Reisende verarbeiten, reflektieren und selektieren – wenn auch nicht so gründlich, wie wenn dies mit zeitlichem Abstand zurück im Alltag erfolgt. Der Zeithorizont ändert sich. Bilder, die während eines Urlaubs gepostet werden, sind impulsive, spontane Momentaufnahmen, deren Bedeutung schon wenige Zeit später wieder gänzlich anders eingestuft werden kann. Zwischen Urlaub, Präsentation und Aufarbeitung findet durch Facebook eine zeitliche Verschiebung statt, die Auswirkungen sowohl auf das Erleben der Reise als auch auf das Nacherleben der Reise haben kann. Nacherleben passiert durch das Sortieren, Archivieren und auch Präsentieren der Bilder nach dem Urlaub. Dadurch, dass Bilder teilweise schon während der Reise via Facebook gezeigt wurden, sind sie bereits auf dieser Plattform sortiert und archiviert. Der Prozess des erneuten Durchlebens der Reise entfällt in diesem Fall.

Prinzipiell gilt für das Posten von Beiträgen, dass User nur die technischen Möglichkeiten nutzen können, die die Plattform Facebook ihnen bietet. Facebook ist ein Medium und ermöglicht überhaupt erst das Sichtbarmachen von Daten in einer bestimmten Form für ein bestimmtes Publikum, allerdings nichts darüber hinaus. Der User muss sich an die Gegebenheiten anpassen und kann nur eine vorgefertigte Maske mit seinen Inhalten füllen – mehr nicht. Allerdings ist Facebook flexibel und Inhalte können jederzeit wieder bearbeitet, verändert oder gelöscht werden: Sie sind nicht starr. Darunter leidet allerdings auch ihre Langlebigkeit – sie sind weniger stabil. Darüber hinaus funktioniert Facebook nur, wenn eine große Anzahl von Leuten die Plattform aktiv nutzt. Ohne das Bereitstellen von Inhalten durch User wäre die Plattform Facebook wertlos. Das Netzwerk bildet sich durch das Hochladen von Fotos, das Hinzufügen neuer Freunde oder das Kommentieren von Beiträgen. Durch eine konstante Weiterentwicklung bleiben User an Facebook gebunden, dass ihnen neben den Möglichkeiten zur Selbstdarstellung und Identitätsarbeit die Kontaktpflege mit Freunden in einem Netzwerk, die Befriedigung eines Mitteilungsbedürfnisses und verschiedene Kommunikationswege bietet.

Des Weiteren ist Facebook eine gute Plattform für Knipserfotografen, die ihre Bilder präsentieren möchten. Die Bilder rücken so aus dem intimen Kreis der Familie und

Freunde in eine Art Pseudo-Öffentlichkeit. Der Knipser wird dadurch zum ambitionierten Amateurfotografen, da er seine Bilder nicht mehr nur für den privaten Gebrauch schießt.

Der Begriff der Freunde bei Facebook ist trügerisch. Er lässt eine gewisse Privatheit vermuten, in der Beiträge geteilt werden, denn es sind schließlich ausgewählte Personen, mit denen User sich bewusst verknüpft haben. Allerdings sperren User teilweise bewusst manche ihrer Kontakte für gewisse Beiträge, was eine persönliche Grenzziehung zwischen Privatheit und Öffentlichkeit bedeutet und dafür spricht, dass nicht mit allen Facebook-Freunden eine enge Bindung besteht und private Informationen teilweise zu privat für das persönliche Facebook-Netzwerk sind. Viele User haben mehrere hundert Kontakte bei Facebook und die von ihnen dort präsentierten Daten unterliegen nach dem Hochladen nicht mehr der eigenen Kontrolle, womit Privatheit im engeren Sinne nicht gegeben ist. Es ist zwar nur eine überschaubare Anzahl von Menschen mit denen Inhalte geteilt werden und diese können Nutzer sich auch noch selbst aussuchen, theoretisch können Beiträge aber jederzeit kopiert und anderweitig verbreitet werden. Die von Facebook generierte Pseudo-Öffentlichkeit schreckt einige User ab, sie sperren gewisse Beiträge für bestimmte Personen, mit denen sie ihre privaten Informationen nicht teilen möchten, für andere macht aber gerade das Teilen von Beiträgen mit vielen Kontakten den Reiz aus. So kann nur in Interaktion mit anderen Identität erfahrbar werden und auch Selbstdarstellung funktioniert nicht ohne Publikum. Dieses Publikum, welches jederzeit nach eigenen Vorlieben innerhalb der Kontaktliste eingeschränkt und ausgewählt werden kann, bietet Facebook. Durch das Zurückhalten bestimmter Informationen und der Präsentation einzig und allein der Fotos und Beiträge, die zu einem positiven Eindruck der eigenen Person führen, wird ein zielkonformes Bild geschaffen. Im Fall von Urlaubsfotos bezieht sich dieses Bild auf Weltoffenheit, Reiseerfahrung, interkulturelle Kompetenz und den Eindruck, etwas Spannendes zu erleben, während andere ihrem Alltag nachgehen. Dieses Bild wird durch Rückmeldungen anderer Kontakte bestätigt. Dadurch wird Identität erfahrbar gemacht und der Prozess des Hochladens von Fotos kann so als Teil der alltäglichen Identitätsarbeit gesehen werden. Selbstdarstellung und Identität gehen bei Facebook miteinander einher.

In Bezug auf Privatheit muss im Rahmen der Selbstdarstellung beim Betrachten von Fotos und Lesen von Beiträgen stets hinterfragt werden, wie privat und intim diese Eindrücke wirklich sind. Die Grenze zwischen echter Privatheit und inszenierter Privatheit, die ein Teil der öffentlichen Identität innerhalb des Rahmens Facebook ist, ist schwer zu ziehen. Denn auch das Preisgeben von scheinbar privaten Informationen ist stets wohl-überlegt und gefiltert, in dem Wissen, dass hunderte Personen teilhaben können. Selbst-darstellung passiert im Optimalfall kontrolliert und reflektiert. Bei Facebook ver-schwimmen Öffentlichkeit, Privatheit und Selbstdarstellung zu einem Identitätskon-strukt, welches zielkonform präsentiert und durch soziale Rückmeldungen bestätigt wird. Die selbstverständliche Verwendung der Termini *Veröffentlichen* und *Öffentlich-keit* in Bezug auf Facebook sprechen für einen vielfältigen und teilweise schwer zu de-finierenden Bedeutungskern. Die Konstrukte Öffentlichkeit und Privatheit haben unter-schiedliche Ausprägungen und werden in der Alltagssprache teilweise unreflektiert und undifferenziert benutzt.

In Hinblick auf soziale Rückmeldungen darf ebenfalls das Thema Kommunikation nicht außer Acht gelassen werden. So kann durch die Möglichkeit des Kommentierens von Beiträgen eine komplexe Form der Kommunikation entstehen. Zahlreiche Personen können sich einbringen und direkten Einfluss auf die Reise nehmen, zum Beispiel durch Tipps oder Hinweise zum Urlaubsort. Durch das Betrachten von Fotos wird ein Ge-meinschaftsgefühl vermittelt, was durch das Kommentieren und das Markieren von Fo-tos mit dem *Gefällt-mir*-Button zum Ausdruck gebracht wird. Allerdings wird der Bet-rachter mit seinen Gedanken meist allein gelassen, zumindest vom Knipser des Fotos. Bilder werden vielleicht mit Orten, Namen oder einer kurzen Erklärung betitelt, eine ausführliche Geschichte wird dazu meist aber nicht geschrieben. Durch die interaktiven Möglichkeiten bietet Facebook seinen Usern eine Plattform, auf der Fotos ebenso wie bei Diaabenden oder in klassischen Fotoalben betrachtet werden können. Facebook ist wie ein Buch, das durchgeblättert werden kann. Es vereint als Plattform Aspekte des Diaabends sowie klassischer Fotoalben in sich. Allerdings fehlt die persönliche Kom-ponente.

Diaabende, die diese persönliche Komponente beinhalten, gelten häufig als spießig und als Relikt aus vergangenen Zeiten, werden aber immer noch zelebriert. Zwar haben sich die Medien mit denen Fotos gezeigt werden verändert – vom Diaprojektor bis hin zum Computer – und auch der Begriff ist daher eigentlich nicht mehr korrekt. Allerdings werden diese Lichtbilderabende als Plattform genutzt, um privat und persönlich in ei-nem kleinen Kreis Urlaubsfotos zu präsentieren und dabei zu erzählen.

Andere Möglichkeiten zur Präsentation und Berichterstattung von Urlauben werden von den Befragten durchaus noch genutzt, Facebook hat nicht alle Wege ersetzt. Besonders Postkarten sind sehr positiv konnotiert und werden in dem Wissen verschickt, Freude auszulösen. Postkarten sind eng an die Familie geknüpft und werden insbesondere dann als Option gewählt, wenn die zu grüßende Person keinen Facebook-Account hat, oder wenn eine besondere Wertschätzung vermittelt werden soll. So ist mit dem Schreiben und Verschicken von Postkarten ein zeitlicher Aufwand verbunden, die Motive sind häufig standardisiert und die Kommunikation ist sehr langsam. Jedoch ist diese Form der Kommunikation auch nicht auf Schnelligkeit und Aktualität ausgerichtet, ebenso soll sie keine Möglichkeit zur Rückmeldung wie die Plattform Facebook bieten. Sie ist die bewusste Entscheidung für einen persönlichen Weg mit nostalgischem Charme, der etwas Aufwand, Wertschätzung und ein haptisches Erinnerungsstück bedeutet. Dem Wunsch nach individuelleren Motiven entsprechen Anwendungen für das Smartphone, mit denen Postkarten mit selbstgeschossenen Fotos selbst gestaltet werden können. Dadurch, dass die so entstehenden Karten gedruckt und verschickt werden, geht auch hier die Haptik nicht verloren. So können Postkarten aufbewahrt, aufgehängt oder eingeklebt werden. Digitale Grüße sind hingegen nicht haptisch erfahrbar, sie sind an einen Display oder Monitor gebunden und sie sind wesentlich kurzlebiger, da sie in einer Masse von Nachrichten verschwinden. Allerdings sind Grüße via Facebook günstiger, bequemer und es können mehr Leute erreicht werden. Die Kommunikation ist eine andere. Digitale Kommunikation bietet zwar einige Vorteile, hat die analoge und vor allem die persönliche one-to-one-Kommunikation jedoch nicht verdrängt.

Auch beim Thema Diaabend spielt Kommunikation eine große Rolle, denn der kommunikative Aspekt von Fotos darf nicht unterschätzt werden. Die persönliche Note, die auch bei Postkarten entscheidend ist, wird bewusst gesucht und zelebriert. Das Erlebnis, Urlaubsfotos mit Freunden gemeinsam zu schauen, ist ein gänzlich anderes, als wenn dabei jeder alleine vor dem Computer sitzt. Kommunikation findet mit anderen zur gleichen Zeit im gleichen Raum statt. Bei Facebook sind diese Komponenten zeitlich verschoben und der soziale Aspekt ist ein anderer.

Ebenso wie Postkarten versendet werden, werden auch noch Fotoalben erstellt. Allerdings werden diese selten mit ausgedruckten und eingeklebten Fotos, sondern meist digital am Computer zusammengestellt und von Firmen gedruckt, gebunden und versendet. Häufig wird sich aber darauf beschränkt, einen kleinen Teil der Fotos auszudrucken und aufzuhängen oder einzurahmen. Durch die Materialisierung des digitalen Fotos wird der Abhängigkeit der Kommunikationsinstrumente von Technologie entkommen und ein greifbares Objekt geschaffen.

Dank digitaler Technologie ist die Anzahl von Urlaubsbildern meist riesig und es muss zunächst sortiert werden, womit ein Nacherleben des Urlaubs einhergeht. Facebook archiviert die gewählten Bilder und gliedert sie, so dass jederzeit Datum, Ort und abgelichtete Personen wieder zugeordnet werden können. Anschließend können Alben geteilt, also mit Freunden gemeinsam betrachtet werden und sie befinden sich nun in einem digitalen Archiv. Allerdings muss stets sowohl die Frage nach der Stabilität des Archivs gestellt werden als auch nach der Sicherheit, die durch die Abgabe der Bildrechte durch das Hochladen der Fotos auf die Plattform nicht mehr gewährleistet ist. Kontakte können Bilder kopieren, auf ihrem Computer speichern und für eigene Zwecke weiterverwenden, ebenso haben die Betreiber von Facebook Zugriff auf die Bilder. Die technische Reproduktion des binären Codes ist im Gegensatz zu analogen und materialisierten Fotos problemlos für jeden möglich. Dies sind die negativen Begleiterscheinungen, die mit dem Posten von Fotos bei Facebook einhergehen.

Facebook übernimmt jedoch nicht nur Elemente klassischer Fotoalben, sondern auch Teile der Kommunikation via Postkarte. So können textbasierte Grüße mit bildlicher Komponente versendet werden. Dennoch hat Facebook das Instrument Postkarte und die Plattformen des klassischen Fotoalbums und Diaabends nicht gänzlich verdrängt. Dies spricht dafür, dass der Drang nach Öffentlichkeit, die bei Facebook in einem kleinen Rahmen konstruiert wird, nicht immer gegeben ist. Schließlich gibt es immer noch Informationen und Bilder, die eben nicht mit mehreren hundert Menschen geteilt werden sollen. Dank der gegebenen Möglichkeiten ist Facebook tatsächlich wie ein digitales Tagebuch, so wie es Mark Zuckerberg besonders durch die Einführung der Chronik gewollt hat. Schon während der Reise können Erinnerungen und Gedanken festgehalten werden und auch im Nachhinein können Seiten dieses Buches nach Datum sortiert aufgeschlagen werden und die Aktionen einer Person zu diesem Zeitpunkt werden übersichtlich sortiert dargestellt. Allerdings ist der private Charakter eines Tagebuchs, das eigentlich intime Informationen und Gedanken erhält, nicht gegeben. Dies spricht für die inszenierte Privatheit bei Facebook.

Es zeigt sich, dass Facebook vielschichtigere Wirkungsmöglichkeiten hat als Postkarten, Diaabende oder private Fotoalben. Die persönliche Note bei den klassischen Werkzeugen darf nicht außer Acht gelassen werden und ist ein entscheidender Grund dafür, dass diese Kommunikationsmittel immer noch genutzt werden. Allerdings bietet Facebook mehr Komplexität und mehrere Dimensionen, durch die Vernetzung mit anderen Menschen und den dadurch entstehenden Raum. Ebenso wie die Postkarte ein Kind ihrer Zeit war, so ist es auch Facebook. In einer sich ständig wandelnden und von Technologie geprägten Gesellschaft muss Kommunikation schnell und einfach möglich sein. Facebook schafft die Voraussetzungen dafür und befriedigt vorhandene Bedürfnisse. Jedoch wird genau um dieser Schnelllebigkeit und der mit ihr einhergehenden Unpersönlichkeit zu entfliehen bewusst auf entschleunigte und persönliche Mittel und Wege zurückgegriffen.

Besonders Knipserfotografen bietet Facebook ein gutes Forum für die Präsentation von Bildern. Allerdings geht die Funktion von Fotos teilweise über das bloße Erinnern hinaus. Zwar ist das hauptsächliche Anliegen, weshalb Bilder überhaupt hochgeladen werden, das Teilen von Inhalten mit Freunden, die Qualität eines Fotos kann jedoch schnell über Rückmeldungen durch den *Gefällt mir*-Button oder Kommentare deutlich werden, weshalb die Bildästhetik eine nicht zu verachtende Rolle spielt. Im Sinne einer positiven Selbstdarstellung werden Fotos künstlerisch inszeniert. Applikationen wie Instagram, die besondere Filter über die Bilder legen und sie hochwertiger aussehen lassen, machen dies möglich. Für die Anwendung Instagram gilt, dass sie rein auf das Bild zentriert ist. Hier geht das Interesse von Knipsern weit über die Erinnerungsfunktion hinaus. Für professionelle Fotografen ist Facebook eine gute Plattform, denn es können günstig und einfach Fotos einer breiten Masse gezeigt werden, die virtuelle Bildergalerie ist wie eine Ausstellung.

Mit dem Präsentieren von Fotos ist häufig Neid verbunden, der teilweise sogar bewusst erzeugt werden soll. Facebook bietet auch für Prahlerei eine Plattform, da das Netzwerk ein Publikum bietet, was entsprechend neidisch auf Beiträge reagiert. Manche Bilder werden nur für Facebook geschossen, mit dem konkreten Ziel ein gewisses, positives Bild zu schaffen. Zusätzlich wird Facebook von Rezipienten häufig im Alltag genutzt, sodass Urlaubsfotos von Kontakten in alltäglichen Situationen betrachtet werden, was Sehnsüchte wecken kann.

In Bezug zum Titel des Buches soll der Begriff Urlaub 2.0 an dieser Stelle näher erläutert werden. Web 2.0 bedeutet in Hinblick auf das Internet, dass ein Wandel stattgefunden hat, von einem eindimensionalen Konstrukt, in dem ein Anbieter vielen Usern Inhalte zur Verfügung stellt, die konsumiert werden können hin zu einem multioptionalen und vielschichtigen Raum, an dem jeder teilhaben kann. Kommunikation ist nicht mehr nur einsträngig, sondern in alle Richtungen möglich. In Bezug auf die Reiseskultur bedeutet dies, dass auch Urlaube nicht mehr nur starr einsträngig verlaufen. Dank der von Facebook gebotenen Möglichkeit Bilder direkt aus dem Urlaub zu präsentieren und diese auch kommentieren lassen zu können, können Urlaube so interaktiv mitgestaltet werden, durch Tipps oder Hinweise zum Aufenthaltsort. Beim reinen Angeben des Aufenthaltsortes funktioniert dies auch ohne Foto. Aufgrund der ständigen Möglichkeit online zu sein und Facebook zu nutzen, hat sich das Verhältnis zwischen den Zuhausegebliebenen und den Reisenden stark gewandelt. Interaktivität ist jederzeit möglich und wird auch genutzt. Im Urlaub auf das Internet zuzugreifen ist selbstverständlich geworden und durch die Option, ständig erreichbar zu sein und mit Freunden zu Hause kommunizieren zu können, hat sich das Gefühl von Fremde verändert. Die räumliche Distanz kann durch die diversen Kommunikationsmöglichkeiten viel leichter überbrückt werden.

Auch die Möglichkeit Fotoalben digital zu erstellen und zu betrachten und zwar mit mehreren hundert Menschen, zeugt von einer modifizierten Art der Urlaubsberichterstattung.

Facebook ist mit vielen Vorteilen verbunden. Diese liegen in der Handhabung, in der Bequemlichkeit sowie dem Publikum und der damit verbundenen Dialogizität, die das Netzwerk bietet. Allerdings gibt es gewisse Aspekte wie die persönliche Ansprache, die Haptik von Postkarten und Fotos und die damit verbundene Langlebigkeit, die von Benutzern geschätzt werden, was dazu führt, dass klassische Urlaubsgrüße und Wege der Berichterstattung immer noch genutzt werden. Facebook steigert den Gebrauchswert der Reise, da durch das Netzwerk eine weitere Möglichkeit hinzugekommen ist, diese zu präsentieren. Es kann nicht mehr nur von einem Urlaub berichtet werden, sondern direkt aus einem Urlaub. Die Plattform wirkt bisher aber nur ergänzend und hat die anderen Wege nicht gänzlich verdrängt. Anhand der präsentierten Ergebnisse kann von einer kulturellen Bedeutung von Facebook für Urlaubsreisen gesprochen werden.

In einer Methodenkritik soll zunächst die in dieser Studie verwendete Methode des qualitativen Interviews reflektiert werden. Anschließend wird in einem Ausblick ein Blick auf weitere Forschungsfelder geworfen, die in Zusammenhang mit dem Thema dieser Studie in der Zukunft von Interesse wären.

7. Methodenkritik

Nachdem die Ergebnisse der Interviews im Fazit analysiert und diskutiert wurden, soll an dieser Stelle auf die verwendete Methode mit ihren Vorteilen und Schwächen sowie auf Probleme bei der Durchführung eingegangen werden.

Methodische Einschränkungen ergeben sich in der Auswahl der Stichprobe aus dem privaten Umfeld, da eine Befangenheit der Befragten nicht ausgeschlossen werden kann und die neue Rollenverteilung als Interviewer und Befragter eine ungewohnte Gesprächssituation darstellt. Allerdings ist eine Stichprobe dieser Art aus forschungsökonomischen Gründen sinnvoll und bedeutet keinen unbedingten Nachteil. Solange eine klare Trennung zwischen der privaten Basis und der Interviewsituation vorliegt, beeinflusst die bereits bestehende Bekanntschaft zwischen Interviewer und Interviewtem die Forschungsergebnisse nicht. Zwar ist die Gefahr der sozialen Erwünschtheit[447] in den Antworten der Interviewten in einer bestehenden Bekanntschaft größer als bei einander unbekannten Personen, es gab aber bei den durchgeführten Interviews an keiner Stelle Grund zur Annahme, dass Personen nicht ehrlich waren, da sogar Fragen zur gewollten Erzeugung von Neid durch Facebook-Fotos offen beantwortet wurden. Allerdings muss immer davon ausgegangen werden, dass Aussagen verzerrt oder beschönigt werden, sowohl bewusst als auch unbewusst. Die Vorteile des Forschens im privaten Umfeld liegen bei dieser Studie im Zugang zu den Profilen und Fotos der Interviewten, die im Vorfeld gründlich betrachtet wurden, um in der konkreten Situation auf einzelne Bilder eingehen zu können. Als Nachteil der Interviewsituation kann die Anwesenheit des Diktiergeräts beschrieben werden. In zwei Fällen funktionierte es nicht einwandfrei und stoppte in der Aufnahme, so dass das Gespräch kurz unterbrochen wurde. Zwar konnte sofort wieder angesetzt werden, jedoch bedeutet diese Situation immer die Bewusstmachung der Interviewsituation und erforderte das Wiedereinfinden in das Gespräch, was aber keine qualitative Einschränkung der Antworten erkennen ließ. In den Transkripten sind diese zwei Situationen, in denen das Diktiergerät aussetzte nicht vermerkt, da das direkte Bemerken zu einer sofortigen Weiterführung des Gesprächs führte und sich daraus keine Probleme ergaben. Ein Interviewpartner schaute zu Beginn des Gesprächs immer wieder auf das Gerät und war sich der Interview-Situation sehr bewusst, antwortete jedoch trotzdem offen und löste nach einiger Zeit auch den Blick vom Diktiergerät. Die anderen ignorierten die Aufnahmesituation und sprachen frei und unbefangen. Des

---

[447] http://lexikon.stangl.eu/1807/soziale-erwuenschtheit/ Stand: 25.03.2013.

Weiteren waren die Interviews im Café aufgrund der Geräuschkulisse im Anschluss schwerer zu transkribieren, als die in Privatwohnungen geführten.

Der Leitfaden hat sich in den Interviews als sinnvoll erwiesen, da die lockere Gesprächsatmosphäre prinzipiell das Risiko birgt das Forschungsanliegen aus den Augen zu verlieren. Durch den klaren Beginn der Interviewsituation, dem Einschalten des Aufnahmegeräts und der eindeutigen Beendigung des Interviews, war das Gespräch aber zu jederzeit forschungsorientiert.

Die Auswertung der Interviews, die qualitative Inhaltsanalyse, „birgt das Problem, dass Aussagen dabei aus dem Kontext herausgelöst und die Bedeutungspotentiale reduziert werden."[448] Für eine Analyse auf Metaebene ist ein Paraphrasieren der Antworten aber nötig, um klare Ergebnisse zu erhalten. Der Sinn der Aussagen wurde dabei jederzeit beibehalten. Qualitative Forschung, insbesondere in der Form des narrativen Interviews, ist für eine Untersuchung dieser Art gut geeignet, da der Einblick in die Einstellungen, Gedanken und Handlungen der Gesprächspartner neue Ansätze für die kulturanthropologische Forschung offenbart. Diese sollen im folgenden Ausblick aufgezeigt werden.

8. Ausblick

Es zeigt sich, dass Kommunikationstechnologie für die für diese Studie interviewten Personen selbstverständlich ist und bereitwillig genutzt wird. Facebook übernimmt Funktionen klassischer Wege der Urlaubsberichterstattung wie Postkarten und Fotoalben. Grenzen verschwimmen und eine Plattform vereint Aspekte mehrerer Kommunikationsmedien in einem. Für die Kulturanthropologie ist es bedeutsam diese Entwicklung in der Zukunft zu beobachten, denn gerade die Begriffe Öffentlichkeit und Privatheit bekommen durch soziale Netzwerke neue Bedeutungseinheiten. Das Öffentliche diffundiert mehr und mehr in das Private und neue Bereiche werden durchdrungen. Was bedeutet dies für den Menschen und wohin kann diese Entwicklung noch führen? Das teilweise unbedarfte Präsentieren privater Inhalte – und wenn auch nur der inszenierten Privatheit – geht bei Facebook immer mit einem Kontrollverlust über Daten einher. Die durch Smartphones gegebene Möglichkeit fast ständig und überall – auch im Urlaub – online zu sein, bedeutet eine beinahe grenzenlose Kommunikation losgelöst von Zeit und Raum. Nicht mehr an den heimischen Computer gebunden zu sein macht Facebook zu einem ständigen Begleiter. Die Präsentation und Inszenierung des eigenen Lebens im Internet kann jedoch unangenehme Folgen haben, falls Daten missbraucht oder Inhalte

---

[448] Siehe Schmidt-Lauber (2007), Kapitel 1.5.1.

von Personen gesehen werden, die nicht für diese bestimmt waren. Mit der erhöhten Transparenz von Akteuren im Netz geht immer ein Stück Privatsphäre verloren. Virtualität und Realität wachsen enger zusammen, schließlich wird das reale Leben online präsentiert. Der Gedanke Mark Zuckerbergs, dass die Facebook-Chronik ein Tagebuch sein soll, das ein Menschenleben abbildet, wird von vielen Nutzern angenommen. Die Chroniken werden stets mit Inhalten gefüllt, Fotos und besonders Urlaubsbilder machen einen großen Teil dieser Inhalte aus. Facebook wird dadurch zu einem immensen Datenspeicher, zu einer Kartei seiner Mitglieder. Die Abhängigkeit, in die sich die Gesellschaft auf diesem Wege begibt und die Probleme, die mit dieser Übermacht der Plattform einhergehen, bedürfen weiterer Untersuchungen. Schließlich ist Facebook von einer kleinen Gruppe – im Verhältnis zur Anzahl der Nutzer – gelenkt und auf Profit angewiesen. Probleme und Gefahren, die durch die bereitwillige Präsentation persönlicher Informationen im Rahmen eines wirtschaftlich taktierenden Unternehmens entstehen können, dürfen nicht unbeachtet bleiben, denn das Netzwerk steht immer wieder in der Kritik von Datenschützern.[449] Auch das Verlassen auf ein Kommunikationsmittel, das nur durch das Mitwirken anderer User funktioniert, muss bei der Nutzung von Facebook hinterfragt werden, schließlich ist die Stabilität jederzeit gefährdet.

Weiterhin untersuchungsbedürftig sind die Fragen nach der Bedeutung des Wandels der Reisekultur und die an sie geknüpfte Urlaubsberichterstattung. Welche Auswirkungen wird die Digitalität in Zukunft auf die Kultur haben und wohin führt eine komplexe, mehrdimensionale Kommunikation? Schließlich nimmt die One-to-One-Kommunikation ab und wird durch einen virtuellen und unpersönlicheren Austausch ersetzt. Auch die Langlebigkeit von Inhalten ist nicht gesichert. Darüber hinaus müssen das Urlaubsgefühl betrachtet und die Motive des Reisens erneut hinterfragt werden. Schließlich ist mit dem ständigen Online-Sein und der Kommunikation mit Freunden und Familienmitgliedern im Urlaub kein wirklicher Abstand vom Alltag gewährt. Die zeitliche und räumliche Verschiebung von Kommunikation bewirkt ein stärkeres Hineinlassen der Zuhausgebliebenen in den Urlaub. Das Verhältnis hat sich gewandelt.

Wurden in dieser Studie Personen zu ihrem aktiven Verhalten befragt, so wäre es interessant, diese Untersuchung aus Sicht von Rezipienten durchzuführen und diese über ihre Empfindungen beim Empfangen von Urlaubsgrüßen zu befragen. Empfinden sie

---

[449] Siehe dazu http://www.spiegel.de/netzwelt/netzpolitik/datenschutz-friedrich-fordert-harte-auflagen-fuer-google-und-facebook-a-886620.html Stand: 25.03.2013, http://www.datenschutz-hamburg.de/ihr-recht-auf-datenschutz/internet/facebook.html Stand: 25.03.2013 oder www.golem.de/news/bundesinnenminister-verbesserungen-beim-datenschutz-bei-facebook-reichen-nicht-1303-97957.html Stand: 25.03.2013.

wirklich Neid, wenn sie bei Facebook Urlaubsbilder ihrer Freunde sehen? Langweilen sie sich bei Diaabenden? Auch eine Untersuchung mit einer größeren Stichprobe wäre aufschlussreich, um die tatsächliche Verdrängung klassischer Mittel der Urlaubsbericht-erstattung durch Facebook zu untersuchen und die Auswirkungen abzuschätzen.

Die Schnelllebigkeit der Gesellschaft scheint unaufhaltbar. Jedoch werden immer wieder bewusst entschleunigte Mittel genutzt, um diesen Prozess aufzuhalten beziehungs-weise zumindest zu verlangsamen. Ob diese Mittel in Zukunft gänzlich verschwinden und der unkomplizierten und vielfältigen digitalen Kommunikation zum Opfer fallen werden, oder ob sie erneut aufleben, kann zu diesem Zeitpunkt nicht gesagt werden. Fakt ist, dass jedes Medium seine Daseinsberechtigung hat und dass das Angebot stets auf einer Nachfrage basiert. Postkarten, Fotoalben und Diaabende haben noch nicht ausgedient, sondern werden immer noch aktiv genutzt. Auch die Nachfrage nach Face-book ist ungebrochen hoch, so sprechen eine Milliarde Mitglieder für die Plattform mit all ihren Funktionen. Die Existenz aller Mittel zur Urlaubsberichterstattung nebenein-ander scheint derzeit unproblematisch. Wie der weitere Verlauf für die Zukunft aus-sieht, muss weiter beobachtet werden.

Literaturverzeichnis

Sekundärliteratur

Abels, Heinz: Identität. Wiesbaden 2006.

Aronson, Eliot; **Wilson**, Timothy D.; Akert, Robin M.: Sozialpsychologie, 4., aktualisierte Auflage. München 2004.

Barthes, Roland: Die helle Kammer. Bemerkungen zur Photographie. Übers. v. Dietrich Leube, 1. Auflage. Frankfurt am Main 1985.

Bausinger, Hermann: Zur kulturalen Dimension von Identität. In: Zeitschrift für Volkskunde 73 (1977), S. 210-215.

Bausinger, Hermann: Grenzenlos... Ein Blick auf den modernen Tourismus. In: Ders., Hermann; Beyrer, Klaus; Korff, Gottfried (Hg.): Reisekultur. Von der Pilgerfahrt zum modernen Tourismus. München 1991, S. 343-354.

Bausinger, Hermann: Bürgerliches Massenreisen um die Jahrhundertwende. In: Gyr, Ueli (Hg.): Soll und Haben. Alltag und Lebensformen bürgerlicher Kultur. Festgabe für Paul Hugger zum 65. Geburtstag. Zürich 1995, S. 131-147.

Boehme-Neßler, Volker: BilderRecht. Die Macht der Bilder und die Ohnmacht des Rechts. Wie die Dominanz der Bilder im Alltag das Recht verändert. Berlin/Heidelberg 2010.

Brenner, Peter J.: Der Mythos des Reisens. Idee und Wirklichkeit der europäischen Reisekultur in der Frühen Neuzeit. In: Maurer, Michael (Hg.): Neue Impulse der Reiseforschung. Berlin 1999, S. 13-61.

Bruhn, Matthias: Das Bild. Theorie – Geschichte – Praxis. Berlin 2009.

Carpenter, Edmund: Sinnes Täuschung. Wie Medien unsere Wahrnehmung verändern. München 1994.

Coté, Mark; **Pybus**, Jennifer: Social Networks: Erziehung zur Immateriellen Arbeit 2.0. In: Leistert, Oliver; Röhle, Theo (Hg.): Generation Facebook. Über das Leben im Social Net. Bielefeld 2011, S. 51-74.

Disselhoff, Felix: Gefällt mir! Das Facebook-Handbuch. Heidelberg 2012.

Döring, Nicola: Sozialpsychologie des Internet. Die Bedeutung des Internet für Kommunikationsprozesse, Identitäten, Soziale Beziehungen und Gruppen, 2., vollst. überarb. und erw. Auflage. Göttingen 2003.

Fendl, Elisabeth; **Löffler**, Klara: Die Reise im Zeitalter ihrer technischen Reproduzierbarkeit: zum Beispiel Diaabend. In: Cantauw, Christiane (Hg.): Arbeit Freizeit Reisen. Die feinen Unterschiede im Alltag. Münster 1995, S. 55-68.

Frank, Theresa: Begegnungen. Eine kritische Hommage an das Reisen. Wien/Münster/Berlin 2011.

Furtwängler, Frank: Latenz. Zwischen Vermehrung/Beschleunigung und Selektion/Verzögerung im Netz der Daten. In: Haupts, Tobias; Otto, Isabell (Hg.): Bilder in Echtzeit. Medialität und Ästhetik des digitalen Bewegtbildes. Augenblick- Marburger Hefte zur Medienwissenschaft, Heft 51. Marburg 2012, S. 80-103.

Gerhards, Jürgen; **Neidhardt**, Friedhelm: Strukturen und Funktionen moderner Öffentlichkeit. Fragestellungen und Ansätze. Berlin 1990, S.

Gerndt, Helge: Begrüßung und Einleitung. In: Ders., Böhnisch-Brednich, Brigitte; Brednich, Rolf W. (Hg.): Erinnern und Vergessen. Vorträge des 27. Deutschen Volkskundekongresses Göttingen 1989, Göttingen 1991 S. 13-17.

Göttsch-Elten, Silke: Mobilitäten. Alltagspraktiken, Deutungshorizonte und Forschungsperspektiven. In: Johler, Reinhard; Matter, Max; Zinn-Thomas, Sabine (Hg.): Mobilitäten. Europa in Bewegung als Herausforderung kulturanalytischer Forschung. 37. Kongress der deutschen Gesellschaft für Volkskunde, Freiburg im Breisgau. Münster 2011, S. 15-29.

Gräf, Dennis; **Halft**, Stefan; **Schmöller**, Verena: Privatheit. Zur Einführung. In: Dies. (Hg.): Privatheit. Formen und Funktionen. Passau 2011, S. 9-28.

Gross, Peter: Die Multioptionsgesellschaft. Frankfurt am Main 1994.

Haberkorn, Heinz: Anfänge der Fotografie. Entstehungsbedingungen eines neuen Mediums. Reinbek b. Hamburg 1981.

Hengartner, Thomas: Volkskundliches Forschen im, mit dem und über das Internet. In: Göttsch, Silke; Lehmann, Albrecht (Hg.): Methoden der Volkskunde. Positionen, Quellen, Arbeitsweisen der Europäischen Ethnologie, 2. überarb. u. erw. Auflage. Berlin 2007, S. 187-209.

Hennig, Christoph: Reiselust. Touristen, Tourismus und Urlaubskultur. Frankfurt am Main/Leipzig 1997.

Hoffmann, Detlef: Studium und puntum, erneut beleuchtet. In: Sykora, Katharina; Leibbrandt, Anna (Hg.): Roland Barthes Revisited. 30 Jahre *Die Helle Kammer*. Köln 2012, S. 17-30.

Holzheid, Anett: Das Medium Postkarte. Eine sprachwissenschaftliche und mediengeschichtliche Studie. Berlin 2011.

Hugger, Paul: Die Bedeutung der Photographie als Dokument des privaten Erinnerns. In: Böhnisch-Brednich, Brigitte et al. (Hg.): Erinnern und Vergessen. Vorträge des 27. Deutschen Volkskundekongresses Göttingen 1989, Göttingen 1991, S. 235-242.

Humer, Stephan: Digitale Identitäten. Der Kern digitalen Handelns im Spannungsfeld von Imagination und Realität. Winnenden 2008.

Kaschuba, Wolfgang: Einführung in die Europäische Ethnologie, 3. Auflage. München 2006.

Kneissl, Daniela: Per Auslöser nach Europa: Amateurfotowettbewerbe als Orte der Europäisierung. In: Daniela Kneissl (Hg.): Fotografie als Quelle der Zeitgeschichte: Kategorien, Schauplätze, Akteure: La photographie comme source de l'Histoire contemporaine: Catégories, lieux, acteurs. München 2010, S. 15- 34.

Köstlin, Konrad: Wir sind alle Touristen – Gegenwelten als Alltag. In: Cantauw, Christiane (Hg.): Arbeit Freizeit Reisen. Die feinen Unterschiede im Alltag. Münster 1995, S. 1-12.

Konert, Bertram; **Hermanns**, Dirk: Der private Mensch in der Netzwelt, In: Weiß, Ralph; Groebel, Jo. (Hg.): Privatheit im öffentlichen Raum. Medienhandeln zwischen Individualisierung und Entgrenzung. Opladen 2002, S. 415-198.

Leclerc, Herbert: Ansichten über Ansichtskarten. In: Archiv für deutsche Postgeschichte, Heft 2/1986, S. 5-65.

Leistert, Oliver; **Röhle**, Theo: Identifizieren, Verbinden, Verkaufen. Einleitendes zur Maschine Facebook, ihren Konsequenzen und den Beiträgen in diesem Band. In: Dies. (Hg.): Generation Facebook. Über das Leben im Social Net. Bielefeld 2011, S. 7-30.

Luhmann, Niklas: Öffentliche Meinung. In: Luhmann, Niklas (Hg.): Politische Planung. Aufsätze zur Soziologie von Politik und Verwaltung. Opladen 1971, S. 9-34.

Märker, Peter; **Wagner**, Monika: Bildungsreise und Reisebild. Einführende Bemerkungen zum Verhältnis von Reisen und Sehen. In: Dies.; Bopp, Petra (Hg.): Mit dem Auge des Touristen. Zur Geschichte des Reisebildes. Tübingen 1981, S. 7-18.

Misoch, Sabrina: Identitäten im Internet. Selbstdarstellung auf privaten Homepages. Konstanz 2004.

Mundt, Jörn W.; Lohmann, Martin: Erholung und Urlaub. Zum Stand der Erholungsforschung im Hinblick auf Urlaubsreisen. Starnberg 1988.

Mundt, Jörn W.: Tourismus. 3. überarb. u. ergänzte Auflage, München 2006.

Pagenstecher, Cord: Zwischen Tourismuswerbung und Autobiographie. Erzählstrukturen in Urlaubsalben. In: Spode, Hasso; Ziehe, Irene (Hg.): Gebuchte Gefühle. Tourismus zwischen Verortung und Entgrenzung. (Voyage. Jahrbuch für Reise- & Tourismusforschung, Bd. 7), München/Wien 2005, S. 82 – 91.

Pieske, Christa: Das A B C des Luxuspapiers: Herstellung, Verarbeitung und Gebrauch 1860-1930. Berlin 1983.

Pilarczyk, Ulrike; **Mietzner**, Ulrike: Das reflektierte Bild. Die seriell-ikonografische Fotoanalyse in den Erziehungs- und Sozialwissenschaften. Bad Heilbrunn 2005.

Pöttler, Burkhard: Der Urlaub im Wohnzimmer. Dinge als symbolische Repräsentation von Reisen – Reiseandenken und Souvenirs. In: Moser, Johannes; Seidl, Daniella (Hg.):

Dinge auf Reisen. Materielle Kultur und Tourismus. Münchner Beiträge zur Volkskunde, Band 38. Münster 2009, S. 119 – 136.

Pogues, David: David Pogues Digitale Fotografie. Das fehlende Handbuch. Köln 2009.

Ritter, Martina: *Alltag* im Umbruch. Zur Dynamik von Öffentlichkeit und Privatheit im neuen Russland. Hamburg 2008.

Ritter, Martina: Die Dynamik von Privatheit und Öffentlichkeit in modernen Gesellschaften. Wiesbaden 2008.

Schmidt-Lauber, Brigitta: Das qualitative Interview oder: Die Kunst des Reden-Lassens. In: Göttsch, Silke; Lehmann, Albrecht (Hg.): Methoden der Volkskunde. Positionen, Quellen, Arbeitsweisen der Europäischen Ethnologie. 2. überarb. u. erw. Auflage. Berlin 2007, S. 165-188.

Schmidt-Mappes, Isabel: Freundschaften heute. Volkskundliche Untersuchung eines Kulturphänomens. Freiburg 2001.

Schultz, Tanjev: Alles inszeniert und nichts authentisch? Visuelle Kommunikation in den vielschichtigen Kontexten von Inszenierung und Authentizität. In: Knieper, Thomas; Müller, Marion (Hg.): Authentizität und Inszenierung von Bilderwelten. Köln 2003, S. 10–24.

Schurian-Bremecker, Christiane: Anpirschen, beobachten, abwarten, schießen. Fotografie als touristische Verhaltensweise. In: Köck, Christoph (Hg.) Reisebilder. Produktion und Reproduktion touristischer Wahrnehmung. Münster/New York/München/Berlin 2001, S. 199-208.

Siller, Hermann Pius: Menschwerden im Aufeinandertreffen und Wandel der Kulturen. Eine Problemskizze. In: Schreijäck, Thomas (Hg.): Menschwerden im Kulturwandel. Kontexte kultureller Identität als Wegmarken interkultureller Kompetenz. Initiatoren und ihre Inkulturationsprozesse. Lutzern 1999, S. 19-40.

Starl, Timm: Knipser. Die Bildgeschichte der privaten Fotografie in Deutschland und Österreich von 1880 bis 1980. München/Berlin 1985.

Stiegler, Bernd: Walter Benjamins Photoalbum oder das Lesen von Photographien als Kulturtechnik. München 2009.

Vogelgesang, Waldemar: Digitale Medien – Jugendkulturen – Identität. In: Hugger, Kai-Uwe (Hg.): Digitale Jugendkulturen. Wiesbaden 2010, S. 37-53.

Walter, Karin: Postkarte und Fotografie (Veröffentlichungen zur Volkskunde und Kulturgeschichte). Würzburg 1995.

Weischer, Christoph: Sozialforschung. Konstanz 2007.

Willoughby, Martin: Die Geschichte der Postkarte. Ein illustrierter Bericht von der Jahrhundertwende bis in die Gegenwart. Erlangen 1993.

Ziehe, Irene: Fotografieren. Bewahren. Erinnern. Zum Phänomen des "Knipsens". In: Karasek, Erika; Claassen, Uwe (Hg.): Faszination Bild. Kulturkontakte in Europa. Berlin 1999, S. 97-113.

Zierold, Martin: Gesellschaftliche Erinnerung. Eine medienkulturwissenschaftliche Perspektive. Berlin 2006.

Internetquellen

http://de.statista.com/statistik/daten/studie/70189/umfrage/nutzer-von-facebook-in-deutschland-seit-2009/ Stand: 17.10.2012.

http://www.faz.net/aktuell/wirtschaft/soziales-netzwerk-facebook-hat-eine-milliarde-nutzer-11913558.html Stand: 17.10.12.

http://allfacebook.de/zahlen_fakten/infografik-facebook-2012-nutzerzahlen-fakten/ Stand: 01.11.2012.

http://newsroom.fb.com/content/default.aspx?NewsAreaId=22 Stand: 01.11.2012.

http://www.focus.de/digital/multimedia/cebit-2006/trends/neues-internet-web-2-0_aid_105635.html Stand: 08.11.2012.

http://www.stern.de/wirtschaft/news/facebook-schluckt-fotodienst-instagram-gehoert-jetzt-zuckerberg-1811412.html Stand: 14.11.2012.

http://www.duden.de/rechtschreibung/Camera_obscura Stand: 15.11.2012.

http://de.statista.com/statistik/daten/studie/198959/umfrage/anzahl-der-smartphonenutzer-in-deutschland-seit-2010/ Stand: 20.11.2012.

http://www.chinamedienblog.de/archives/79 Stand: 20.11.2012.

http://asienspiegel.ch/2011/01/weshalb-facebook-in-china-inexistent-ist/ Stand: 20.11.2012.

http://www.socialmediaschweiz.ch/html/infografik.html Stand: 12.12.2012.

http://www.welt.de/reise/deutschland/article10235496/Wie-lange-Postkarten-nach-Deutschland-brauchen.html Stand: 19.12.2012.

http://www.zitate-online.de/literaturzitate/allgemein/212/die-welt-ist-ein-buch-wer-nie-reist-sieht.html Stand: 03.01.2012.

http://www.duden.de/rechtschreibung/Diaabend Stand: 17.01.2013.

http://www.spiegel.de/netzwelt/web/studie-facebook-macht-nutzer-unzufrieden-und-neidisch-a-878803.html Stand: 23.01.2013.

http://www.kulturation.de/ki_1_text.php?id=44 Stand: 23.01.2013.

http://www.nifab.de/2012/02/die-zahl-der-verschickten-postkarten-sinkt-rapide-online-postkarten-verschicken/ Stand: 16.01.2013.

http://www.duden.de/rechtschreibung/Smartphone. Stand: 24.01.2013.

http://www.duden.de/rechtschreibung/App Stand: 24.01.2013.

http://de.statista.com/statistik/daten/studie/13070/umfrage/entwicklung-der-internetnutzung-in-deutschland-seit-2001/ Stand: 24.03.2013.

http://www.netzwelt.de/news/88601-neue-facebook-chronik-eigenen-lebens.html Stand: 24.03.2013.

http://www.oreilly.de/artikel/web20_trans.html Stand: 24.03.2013.

http://wirtschaftslexikon.gabler.de/Definition/wireless-local-area-network-wlan.html Stand: 24.03.2013.

http://www.ecommerce-manager.com/2012/05/09/wo-finden-sie-die-meisten-kunden-facebook-twitter-google/ Stand: 24.03.2013

http://www.beyond-print.de/2012/01/16/facebook-wachst-um-37-prozent/ Stand: 24.03.2013.

http://www.spiegel.de/netzwelt/netzpolitik/datenschutz-friedrich-fordert-harte-auflagen-fuer-google-und-facebook-a-886620.html Stand: 25.03.2013

http://www.datenschutz-hamburg.de/ihr-recht-auf-datenschutz/internet/facebook.html Stand: 25.03.2013

www.golem.de/news/bundesinnenminister-verbesserungen-beim-datenschutz-bei-facebook-reichen-nicht-1303-97957.html Stand: 25.03.2013.

http://www.whatsapp.com/?l=de Stand: 25.03.2013.

http://lexikon.stangl.eu/1807/soziale-erwuenschtheit/ Stand: 25.03.2013.